Les Templiers Chevaliers du Christ
テンプル騎士団の謎
このとき、ジャック・モレーとジョフロア・ド・シャルネーが
立ち上がったのである。驚く群衆の前で、
2人はおごそかに自分たちと騎士団の無実を主張した。
レジーヌ・ペルヌー 著
池上俊一 監修
南條郁子 訳
「知の再発見」双書104
SG 絵で読む世界文化史

日本語版監修者序文

池上俊一

煮えたぎるような宗教的熱誠のさなか，十字軍とともに成立したテンプル騎士団は，秘密のヴェールに包まれた儀礼と悲劇的な最期が多くの伝説を生み，人々のイマジネーションを刺激してきた。しかしこうした神秘的な伝説にまどわさて，騎士団がはたした本来の役割を忘れてはなるまい。彼らはまずなによりも，聖地への巡礼者を守り，道の安全を確保するという任務をもっていた。そのため修道士的なお勤めの生活と農作業のかたわら，大天使ミカエルの剣に擬せられた剣を振りかざして，果敢に異教徒と戦ったのである。

戦士と修道士を兼ねるという，このじつに特殊で矛盾した存在を正当化し，その理想を広めたのは，第2回十字軍を唱道したことでも知られる12世紀宗教界の大立者，聖ベルナールであった。彼は『新たな戦士団への賛辞』で，「彼らが死を与え，受けとるのは唯一キリストのため，主を栄光化し主と一体となるためである」と述べて，テンプル騎士の戦闘行為を称揚し，体力と霊力で戦う彼らの壮挙に熱い賛美の声を送った。こうして中世キリスト教世界におけるふたつの特権的身分，「戦う人」と「祈る人」が合体した修道騎士が誕生したのである。

さて，11世紀末に十字軍が実現したのは，農民・女性・聖職者ら，無辜の民を傷つけ，社会を無政府状態に陥れる領主・騎士階級によるたえまないフェーデ(血讐・私闘)の連鎖を終息させるべく，教会主導で10世紀末の南フランスから展開した「神の平和」「神の休戦」の理念や，スペインでのレコンキスタ（国土再征服戦争）の聖戦理念が，巡礼の伝統と結びついたときであった。だから十字軍には，西欧内部に巣食う憎悪・敵意を，外部からキリスト教世界を脅かす異教徒に向けさせ，しかも異教徒討伐を，神御自身が欲する聖なる戦い，キリストのための戦い，贖罪の業として聖化する目的があった。初期十字軍の参加者たちが祈りと禁欲を実践し，神・聖者・死者たちの奇蹟的仲介を待望したのは，そのためであった。この十字軍の本来の理念を一身に体現したのが，修道騎士だといってもかまわないだろう。

こうしてテンプル騎士団以外に，聖ヨハネ騎士団——のちにマルタ騎士団となる——，ドイツ騎士団をはじめ，多数の騎士修道会ができた。これらの騎士修道会は，まさに修道士的な規律に従って，清貧・貞潔・服従を誓い，またそのヒエラルヒー組織も，修道会を模していた。テンプル騎士団は，純粋に軍事的修道会として創設された唯一の騎士団で，華々しい戦果をあげたこと，教皇や王侯や高位聖職者の支持を得て，全ヨーロッパ的な人気・評価を博したこと，莫大な土地・財産の寄進を受け，また銀行業務を手広く営業して，巨万の富を蓄積したこと，などの点で傑出していた。

しかし12世紀末になると，サラディンによって聖地が落とされ，その後も失地回復のないまま，騎士団は経済的・政治的利益を優先させ堕落していった。アッコンが陥落（1291年）すると，すべての十字軍の試みは挫折する。テンプル騎士団は，キプロス島，そして西欧に撤退することになるだろう。だが，国際規模で銀行業を繰り広げ，政治的にも一大勢力になっていたことが，かえって人々の反感をあおった。彼らを待っていたのは，世論を後ろ楯に，まんまとその財産を横取りしようとするフランス国王と周囲のレジストらの陰謀であった。テンプル騎士は，魔術を行う異端の徒として逮捕され，拷問にかけられ，火刑台に送り込まれることになる。ずっと特権を与えて保護してきた教皇さえ，圧力に屈して解散の教勅（1312年4月3日）を発せざるをえなかったのである。

レジーヌ・ペルヌー女史は本書で，テンプル騎士団の成立事情，会則，役職，組織，管区，要塞化した建築物，エルサレム王国での多面的な活躍，彼らが加わった戦争とその帰趨，西欧へ退却した後の信用の喪失と破滅への道のりなどを，手慣れた筆致で叙している。読者諸賢には，本書を熟読し，数々の写真・図版をもあわせ眺めながら，この「騎士団」という封建社会の結晶体ともいえる存在に，思いを馳せてほしい。

最後につけ加えておけば，騎士修道会の活躍に刺激されて，14世紀から15世紀にかけて王侯によって世俗の騎士団が作られた。世俗騎士団の目的は，メンバーの貴族たちに忠誠・献身・勇壮といった美徳を植えつけ，君主に密接に結びつけることであった。イングランドのガーター騎士団，フランスの星の騎士団や聖ミカエル騎士団，ブルゴーニュ公国の金羊毛騎士団などがその代表である。だが宮廷の気取った貴族クラブにほかならぬこれらの騎士団には，もはや宗教的熱意も戦闘の機会もなかったことは，言うまでもない。

1163年，テンプル騎士団が勝利したボケーの戦い（p.11まで）

CONTENTS

第1章 騎士団の成立……15

第2章 剣の人教会の人—騎士団の発展—……31

第3章 聖地の防衛……49

第4章 破滅への道……69

第5章 テンプル騎士団の最期……81

資料篇
——真実のテンプル騎士団——

1 入会の儀式……102

2 生活の規則……107

3 聖ヨハネ騎士団とドイツ騎士団……117

4 根強い神話……120

テンプル騎士団年表……130

INDEX……134

図版（出展）……137

参考文献……141

テンプル騎士団の謎

レジーヌ・ペルヌー❖著
池上俊一❖監修

「知の再発見」双書104
創元社

❖1099年，ゴドフロワ・ド・ブイヨンに率いられ，十字軍はエルサレムを奪取した。この先はキリスト教世界の最前線たるこの街の防御につとめなければならない。1118年，9人の騎士が，聖地をおとずれる巡礼者を守るために生涯を捧げる決心をした。彼らははじめ「キリストの貧しき騎士」を名のったが，ボードワン2世から住居としてエルサレム神殿跡地にある王宮の一室をあたえられ，テンプル騎士，つまり神殿の騎士と呼ばれるようになった。……………………………………………………………………

第1章

騎士団の成立

⇦テンプル騎士

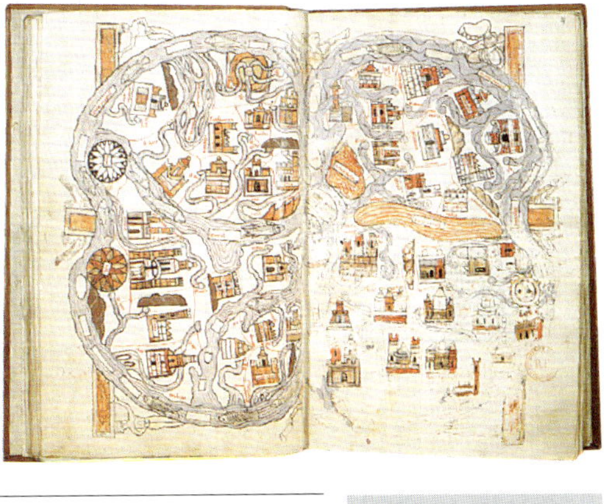

⇨エルサレムの地図――エルサレムは昔からキリスト教徒に熱烈な信仰心を呼び起こしてきた。巡礼運動はそのあらわれであり，早くも4世紀には盛んになっていた。この運動を守るために800年後，テンプル騎士たちが一身を捧げたのである。

初期の巡礼者

第１回十字軍が，1095年におこなわれたローマ教皇ウルバヌス２世の勧説をきっかけに始まったことはよく知られている。だが「始まった」といっても，それはひとつの到達点でもあり，キリスト教徒が熱い思いをよせる聖地からの不穏なしらせと要請が，長年にわたって積み重なった結果にすぎなかった。エルサレム――キリストの死と復活の舞台となったこの街に，巡礼者たちはローマ帝国がキリスト教化されたときから惹きつけられてきた。４世紀にはすでに当時の一般的な巡礼ルートをしるした書物（たとえばエゲリアの『巡礼記』）があらわれている。とくに，キリストが磔刑にされたゴルゴタの丘と，キリストが復活したといわれる聖墳墓の上に建てられた円堂（今日の聖墳墓教会の原形）は，最も多くの巡礼者がおとずれる場所だった。392年には，聖ヒエロニムスによ

⇨ローマからエルサレムに移住した聖ヒエロニムス――聖ヒエロニムス（331～420年）は聖書をラテン語に翻訳したことで知られている。この仕事のために彼はパレスチナに住み，ユダヤの律法学者とともに，ヘブライ語やアラム語の原典を研究した。ローマ社交界の数人の貴婦人がこの仕事に強く惹かれ，彼を追ってパレスチナにやってきた。聖ヒエロニムスがベツレヘムに建てたといわれる修道院のうち，女子修道院は彼女たちの支援によるものである。

り，二つの修道院がベツレヘムに建てられた。エルサレムには当時すでに多くの巡礼者でにぎわい，その喧噪の中で瞑想にふけるのは困難だったからである。

⇦聖地へ向かう騎士たち——騎士たちは当時の戦士特有の身なりをしている。鎖かたびら，十字が描かれた兜，個人を見分けるのに役だつ盾の紋章，それと同じ紋様が描かれた馬鎧《うまよろい》など。

エルサレム:アラブ人の街，イスラムの街

エルサレムは，昔から強烈な宗教的シンボルであると同時に，あらゆる紛争の舞台でもあった。614年，聖都はササン朝ペルシアの手に落ちた。しかしビザンツ皇帝は14年後，街からペルシア人を追い出した。一方，そのころムハンマド（マホメット）がイスラムの教えを説き始めていた。イスラム教は基本的な教えとして「ジハード（聖戦）」を勧めている。イスラム教徒は7世紀にはパレスチナ，シリア，エジプトを奪い，多くのキリスト教会を破壊した。だが，637年にエルサレムに到着した第2代カリフのウマルは，聖墳墓の円堂には手をつけなかった。エルサレムはメッカとメディナにつぐイスラム教の聖地となった。

⇩聖墳墓の円堂に詣でる巡礼者たち――キリスト教徒の聖都であるエルサレムは，イスラム教徒の聖都でもあった。ムハンマドがこの街の岩の上から昇天したといわれているからだ（その場所に岩のドームとよばれるモスクが建てられている。→p.23キャプション）。

9世紀には，カール大帝の力でキリスト教徒のエルサレム巡礼が認められ，巡礼の伝統はなんとか途切れずに続いていた。だが969年，エジプトのファーティマ朝がエルサレムを奪い，状況はにわかに悪化する。1009年，過激な原理主義者のカリフ，アル＝ハーキム（在位996～1021年）は，聖墳墓の円堂

⇦アナトリアで略奪をはたらくトルコ人——トルコ人はマンジケルトの戦いのあとも攻撃の手をゆるめず，アナトリアにあるビザンツ帝国の領土を少しずつ奪っていった。

の破壊を命令した。

アラブの年代記はこの出来事をつぶさに記録している。それによるとカリフはキリスト教徒とユダヤ教徒を憎むあまり，円堂の破壊は，二度とキリスト復活の場所がわからなくなるくらい徹底的におこなうことを望んだという。もっとも1054年にはビザンツ皇帝がアル＝ハーキムの後継者に円堂の再建をみとめさせた。ところがこの再建工事は完遂されずに終わってしまう。ビザンツ帝国にセルジューク朝トルコが攻め込んできたのだ。イスラム教徒のトルコ人たちはアナトリアの奥深く攻め入り，1071年，マンジケルトで，ビザンツ軍を完

⇩エルサレム攻撃の準備をする十字軍の人々——大工や木挽きはエルサレム包囲戦にたいへん大事な役目をはたした。街の周壁を乗り越えるための梯子や，身を隠しながら周壁に近づくための移動可能な「やぐら」をつくったのである。

膚無きまで打ち負かした。

⇧兵士を配置する隠者ピエール――「小柄な男で体つきも貧弱にみえたが，気高い心に明晰な頭脳とすぐれた理解力，そして巧みな話術がすばらしかった」。このように評された隠者ピエールは，数奇な運命の巡りあわせで，第1回十字軍の真の主導者となった。

「第1回十字軍」の呼びかけ

3年後の1074年，ビザンツ皇帝はローマ教皇に救援を要請

⇦エルサレム攻撃――1099年，包囲網をしいて40日後，十字軍は堅固な周壁にかこまれたエルサレムを奪い取った。このとき彼らはイスラム兵だけでなくすべての住民を，年齢と宗教を問わず虐殺した。あまりの酷さに「征服者自身がおもわず恐怖と嫌悪におののいた」とギヨーム・ド・ティールは記している。

⇩ユーグ・ド・パイヤン（アンリ・レマン作。19世紀）――ユーグ・ド・パイヤン（1070-1136年）はシャンパーニュ地方の城主で，敬虔，勇敢，純真な騎士だった。彼がゴドフロワ・ド・サン＝トメールとともに組織した騎士の修道会には，聖ベルナールの親戚のアンドレ・ド・モンバールや，のちにエルサレム王となるフルク・ダンジュー，シャンパーニュ伯のユーグ・ド・シャンパーニュなど，身分の高い騎士たちが入会した。

した。教皇の返事がかえってくるまでに20年ほどの歳月が流れた。そのあいだにも西欧の人々のもとには，巡礼者を襲った不幸な出来事のしらせが数多く届いていた。もはや武装せずに巡礼に出ることは不可能だった。

1095年のクレルモン公会議で，ウルバヌス２世はキリスト教徒にむかって聖都の再征服《レコンキスタ》を呼びかけた。これに対し，神聖ローマ帝国皇帝やフランス国王は口を閉ざしたが，多くの封建領主が個々に反応し，1096年８月15日を出発の日と決定した。それにともない大勢のフランドル人，フランス人，シチリアのノルマン人もいっせいに聖都をめざすことになった。もっとも彼らの前に，隠者ピエールに率いられた無数の細民が，たくさんの小集団に分かれ，規律も統制もなく，しかしまさに怒濤のように東へ東へと押しよせていたのである。

それぞれのルートで中央ヨーロッパを横断したゴドフロワ・ド・ブイヨン，ロベール・ド・フランドル，レーモン・ド・サン＝ジルらの諸侯と，彼らと道中をともにした推定１万2000人の人々は，出発から３年後，ついにエルサレムに到着し，

1099年７月15日，恐るべき無差別殺戮のあげく，大方の予想をくつがえして，エルサレムを奪い取った。

ボードワン，初代エルサレム王となる

ゴドフロワ・ド・ブイヨンが指導者としてエルサレム王国をつくっていくことになったが，彼は街の征服からわずか１年後に死亡し，兄のボードワンがそのあとを継いで初代エルサレム王となった。だがエルサレムに残って王国の足元を固めようという十字軍兵士は少なかった。多くの巡礼者は，船をおりるとたちまち危険にさらされた（その頃までに巡礼者は海路で来るのがふつうになっていた）。聖都への道のりは安全とはいいがたく，とくにラムラとエルサレムの間にはいたるところに危険が待ち伏せていた。

巡礼者の安全を守るために

そんな折，1118年にユーグ・ド・パイヤンが仲間を募って修道会を結成したのである。「キリストの貧しき騎士」を名のる彼らは，船をおりてから聖都に到着するまで，巡礼者の力となって彼らを守り，道の安全を確保することをみずからの使命とした。

その活動はたちまちのうちに高い評価を得た。1118年にボードワン１世のあとを継いだボードワン２世は，翌年，彼らを王宮の一室に迎え入れ，まもなく敷地全体を明け渡した。かつてソロ

⇩聖地のテンプル騎士——ひとりは剣と盾をもち，ひとりは十字のついた旗標を掲げている。彼らは，騎士であり修道士でもあるというテンプル騎士の二面性を象徴的にあらわしている。

モン王の建てたヤハウェの神殿《テンプル》があった場所である。このため，修道会のメンバーは「テンプル騎士」と呼ばれるようになった。テンプル騎士のおもな任務は，巡礼路の危険な場所を警備することだった。彼らは，自分たちを聖地に集わせた巡礼という大きな流れのなかで，新しい宗教的な行動を起こすことを望んでいた。つまり自分たちを修道士であると同時に，戦士でもあると考えていたのである。

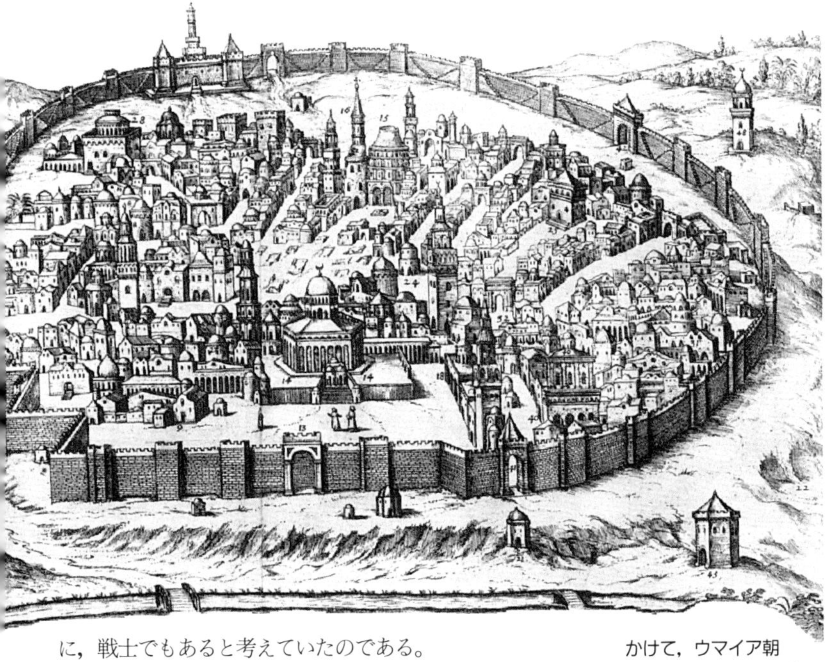

⇩エルサレム市街とソロモンの神殿――この版画が制作されたのは17世紀だが，テンプル騎士団が成立した12世紀も，エルサレムの街は頂部に狭間のある周壁に囲まれていた。前景にある岩のドームは，687年から691年にかけて，ウマイア朝第五代目カリフのアブドル・マリクにより，ソロモンの神殿跡に建設された。このドームと，隣のアレニアクサ・モスクのある敷地全体がテンプル騎団の「本部」だったのではないかと思われる。

ラテン語会則

1127年の秋，ユーグ・ド・パイヤンは５人の仲間とともに海をわたってローマに行き，教皇ホノリウス２世に修道会の公認と，独自の会則の制定を懇請した。それまで彼らは，便宜的に聖アウグスチヌス会則にしたがっていた。これは，俗世にありながら修道士的な生活をおくる聖堂参事会員が遵守

⇦シトー会クレルヴォー修道院長，聖ベルナール——中央に立っているのが聖ベルナール。彼は当時の教会の自他ともに認める指導者であり，政治家であり，聖職者であった。彼に大きな影響をうけたテンプル騎士は，シトー会にならって禁欲と清貧をモットーとした。

していた会則で，共同生活と財産の共有を基本とする。当時の西欧世界に絶大な影響力をもっていた聖ベルナールが彼らを支援した。1128年1月13日，シャンパーニュ伯領の首都トロワで，多くの高位聖職者を集めて教会会議がひらかれた。サンスの大司教，ランスの大司教，トロワの司教，オーセールの司教のほかに，シトー大修道院長もみずから姿をあらわした（サンス，ランス，トロワ，オクセールはすべてシャンパーニュ伯領内の大司教区または司教区。

⇧白の法衣をまとったテンプル騎士

⇦１頭の馬に乗った２人の騎士——道の警備はつねに２人でおこなうという規則をあらわしている。

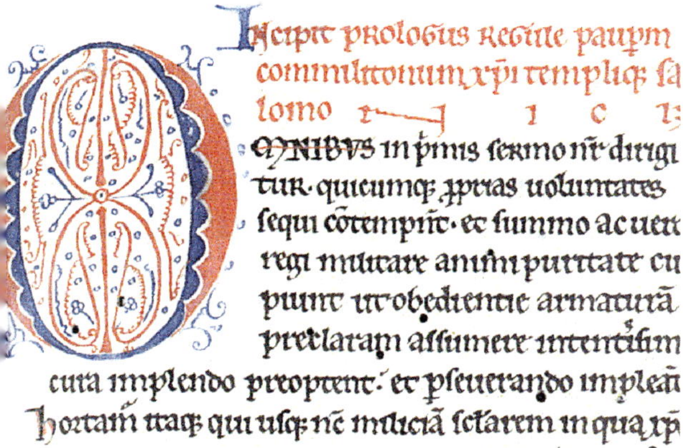

⇦ラテン語会則の冒頭——ここでは騎士はまだ「キリストの貧しき騎士」と呼ばれている。ラテン語会則は72箇条からなり，はじめの８条には宗教上の義務，つぎの11条には日々の規則が記されていた。

シトー会は12世紀に大きな勢力を誇った修道会である)。この会議中に最初の会則が起草された。いわゆる「ラテン語会則」である（→P.110)。12年後には，これを少し変更した二つめの会則が，今度はフランス語で書かれた。それによると会員は，当時の大部分の修道会と同じく，いくつかの階層に分かれていた。まず騎士だが，彼らだけが厳密な意味での戦士で，中世の騎士制度のしきたりどおり，貴族のなかから徴募された。その補佐役である従士《セルジャン》と盾持《エキュイエ》ちは，平民や都市民のなかから募られた。そして，司祭は礼拝と秘跡授与をうけもち，下僕や雑役夫は下層民から採用された。

服装も取り決められた。テンプル騎士団というと白いマントに赤十字が思い浮かぶが，「白いマント」の着用がみとめられていたのは騎士だけだった。また，赤い十字は少しあと，パリで参事総会がひらかれたときに，教皇エウゲニウス３世から下賜されたのだろうと思われる（→p.53)。

⇩騎士団の盾持ちまたは従士

⇦『1128年のトロワ公会議でテンプル騎士修道会を公認する教皇ホノリウス2世』――19世紀の画家マリウス・グラネが描いたこの絵には，歴史的事実に反するまちがいがいくつか認められる。たとえば教皇の白い法衣だが，これが採用されたのは16世紀，ドミニコ会士の聖ピウス5世が，教皇の座についたのちも元の修道服を着続けてからのことである（ドミニコ会は13世紀に誕生した。シトー会の流れを受けつぎ，白い法衣を着用した）。12世紀の教皇たちは通常，枢機卿と同じ赤い法衣をまとっていた。また，教皇冠が使われたのも13世紀のなかばからである。さらに，ホノリウス2世はじっさいには公会議を欠席し，特使を立てていた（この教皇特使が公会議の議長をつとめた）。公会議に出席した司教たちは，ほとんど全員が聖ベルナールの友人だった。ユーグ・ド・パイヤンを支持していた聖ベルナールは，修道会設立の経緯をものがたり，修道騎士たちが仲間とどのような生活を営んでいるかを披露して，テンプル騎士団の公認に力を貸した。

総長

テンプル騎士団のトップは総長である。総長の職務と権力はちょうど大修道院長のそれに相当する。会則によれば，総長は「手に杖と鞭を」もたねばならない。杖で弱き者を暴力から守り，鞭で義務を怠る者の悪習を罰するのだ。つまり力で規律を守らせるわけだが，これを行使するときは「正義への愛」をもって当たらなければならなかった。総長は顧問会議によって補佐される。騎士団全体にかかわる重大な決定をくだすようなときは「すべての参事」が招集される。修道士は総長にたいして絶対服従しなければならない。総長が不在のときは副総長《セネシャル》が代理をつとめた。

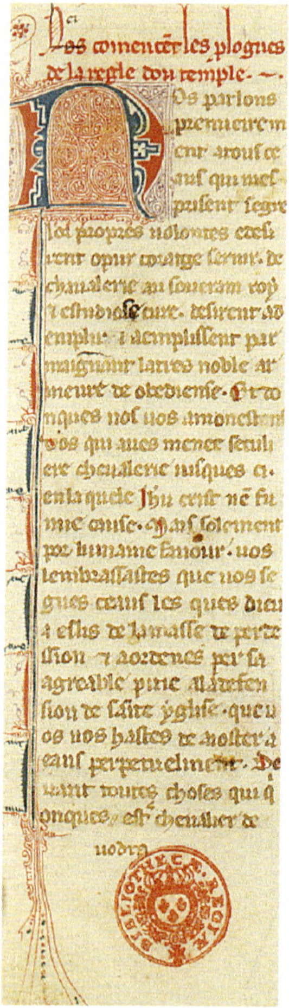
Ci comencent les plogues
de la regle dou temple.
Nos parlons
premierem
ent a touz ce
aus qui mes
prisent segre
lor propres volontes et desi
rent o pur corage servir de
chavalerie au soverain roy
et o estudiose cure desirent ao
emplir et acomplissent par
maignent la tres noble ar
meure de obediense. Et do
nques nos vos amonestons
vos qui aves mene seculi
ere chevalerie iusques ci
en la quele Jhu crist ne fu
mie cause. Mais solement
por humaine favour. nos
lembrassastes que nos se
gues ceaus les ques dieu
a eslis de la masse de perdi
tion et acordees par sa
agreable pitie a la defen
sion de sainte yglise. que u
os vos hastes de noster a
ceaus perpetuelment. De
vant toutes choses qui q
onques est chevalier de
nostre

⇦フランス語会則の冒頭——1140年，フランス語の会則が制定された。「みずからの意志にしたがうことを蔑み，純な心をもって至高の王に騎士として仕えることを欲し，あくまでも服従という気高い鎧を身につけたいと一心に願うすべての者に告ぐ」。とくに重きがおかれているのは「朝課を聴きたいという真摯な気持ち，教会法にしたがって定められたすべての礼拝，および律修聖堂参事会員たち，つまり聖都エルサレムの長たちのしきたり」，つまり修道生活者のきびしい戒律である。しかし，ラテン語会則とはことなり「修練期間」（試験期間）は設けられず，そのかわり会則を読み，内容を説明できればよいことになっていた。さらに，ラテン語会則が破門された騎士の受け入れを拒否していたのに対し，フランス語会則はそうした人々をすすんで探し，悔い改めと司教の赦しを条件として騎士団に受け入れるよう勧めている。これは危険な賭だった。ここから司教たちとのあいだに多くの抗争が生まれてくるのである。

「慣習律《ルトレ》」

このほかに修道会のさまざまな慣例も1165年に明文化された。「慣習律《ルトレ》」は，総長のしるしを「印章と巾着」と定めている。印章とはテンプル騎士団の公印，巾着とは金庫のことである。

総長は4頭の専用馬をもっていた。随伴するのは2人の修道騎士のほか，司祭，秘書役の聖職者，従士，従僕，蹄鉄鍛冶，通訳の「サラセン人書記」，現地人のなかから徴募された

⇦テンプル騎士と幟――このフレスコ画で，テンプル騎士はボーサンの幟をふっている。白と黒の二色がはっきりと見分けられる。「ボーサン」という言葉は，もとの「等分された」という意味でつかわれることもある。幟をもつのは総長か，兵部長《マレシャル》（武器と武具の総責任者）かその助手で，騎士たちは「いかなる理由があろうと幟を敵の手に渡」してはならなかったので，「できるだけ上手に」それを取り囲まなければならなかった。幟が破れたときは予備の幟が立てられる。最後の幟が「落とされ」てはじめて彼らは逃亡し「神が勧めるところ」へ身を隠すことがゆるされた。

と思われる補佐の兵士「トルコプル」，料理人が1人ずつと，下男が2人である。遠征のとき，総長は騎乗に適した上等のトルコ馬のほかに，荷役用の動物を2頭使うことができた。彼の陣営には円形の天幕が張られ，テンプル騎士団の軍旗で「ボーサン」とよばれる「幟《のぼり》」が掲げられた。「ボーサン」とは紋章の用語で「白の上部に黒」という意味である。1147年以降はこれに赤の十字が加わることになる。この幟は戦いのとき，騎士たちが集結する目印となった。

⇧テンプル騎士団の印章のひとつ――1頭の馬に2人の騎士の図柄が使われている。たとえば第12代総長ジルベール・エライユや，巡察使ユーグ・ド・ペローがこの図柄の印章を用いていた。

修道騎士は巡礼者を守るためには戦士となったが，それ以外のときは何をおいても修道士だった。清貧，貞潔，祈り――しかしこの厳しい枷《かせ》は，騎士団の成功によってやがて内側から破られ，その結果，騎士団は悪い噂とむきだしの欲望にさらされてしまうのである。

❖西欧全体がシトー会の白い修道服に覆われていたとき，聖地からヨーロッパ全域にかけて点在するテンプル騎士団のコマンドリー（→p.33）は総数9000に達していた。その建築物は騎士団の大きな使命——中世文化の特徴である防衛と農業経済——に適合している。

第 2 章

剣の人，教会の人——騎士団の発展

⇦シリアの要塞「白城」の塔——十字軍は「白城」を1110年に奪い，のちに補強・拡充した。巨石のようにそそりたつ塔の一階は礼拝堂になっている（→p.45キャプション）。

⇨テンプル騎士の墓（ロンドン，テンプル教会）

⇦⇨テンプル騎士――左は戦闘用の服装。鎖かたびらの上に丈の短い上着をきて，武器を持ち，兜をかぶっている。右は聖務用の服装で，テンプル騎士が修道士でもあることを示している。1139年の教勅以来，テンプル騎士たちは礼拝のために教区の教会に行く必要はなく，騎士団専用の礼拝堂と専属の司祭をもつことがゆるされていた。このため彼らは教皇以外のどのような宗教的権力（土地の司教や司祭）にも干渉されることがなかった。

支部《メゾン》とコマンドリー

「慣習律《ルトレ》」がつくられた頃，テンプル騎士修道会の管轄区域は大きくひろがった。最初に本部がおかれた神殿跡の岩のドームが，そのまま修道会の総本部となった。そこには総長のほかに二人の重要な支部長《コマンドール》が住んでいた。ひとりはエルサレム市を管理し，騎士団本来の活動である巡礼者の警護と案内をうけもつ。もうひとりはエルサレム王国と王国内騎士団領の責任者で，近東全域の施設を管轄下においていた。

テンプル騎士たちの活動の場はトリポリとアンティオキア

にもひろがった。やがて騎士団はヨーロッパにも多くの管区をもつようになった。フランス管区，イギリス管区，ポワトゥー管区，プロヴァンス管区，アラゴン管区，ポルトガル管区，アプリア管区，そしてハンガリー管区である。管区は通常，複数のコマンドリーからなっていた。コマンドリーとは農場や要塞の施設をそなえた騎士団領の地図上の単位である。各コマンドリーには騎士団の支部がおかれ，コマンドール（「司令」の意）とよばれる支部長がこれを統率していた。支部は騎士たちの修道生活の場であり，メゾン（「館」の意）とよばれていた。封建領主からの寄進のおかげで，騎士団の領地と富はみるみる増えていった。13世紀末，コマンドリーの総数はヨーロッパ全域で9000に達し，そのうち約3000は現在のフランスに

⇩ラ・クヴェルトワラードのコマンドリー――要塞は14世紀になってから築かれた。アヴェイロン県（南フランス）のラルザックという荒涼としたカルスト台地にあるこのコマンドリーは，1158年にミロー子爵から騎士団に寄進された。

⇧クロミエの礼拝堂――13世紀に建てられた質素なつくりのこの礼拝堂には，今でも当時のフレスコ画がいくつか残っている。

⇦聖母子像――この彫像はかつてテンプル騎士団の礼拝堂があったイヨンヌ県の農場で発見された。このようにフランスの農村には，テンプル騎士たちが身体を使って耕作に励む一方，修道士として敬虔な生活を送っていたことを示す品々が数多く残っている。

あった。なかでも南仏のプロヴァンス地方は，騎士団にとってとりわけ重要な地域だった。13世紀末に教皇領となるまで，そこで生産された飼葉や，小麦や，馬をはじめ，さまざまな物資が船に積み込まれ，ローヌ川をくだって，マルセイユ港から聖地に向けて送られたのである。

ヨーロッパの質素なコマンドリー

ヨーロッパのコマンドリーは基本的には農場で，管理は非常に行き届いていたが，建物全体のようすはふつうの農場と大して違わなかった(p.38〜p.39写真)。シャラント地方(フランス東部)のマレーラン，アングル，シャトー＝ベルナール，グラン＝マ＝デューには，騎士団のコマンドリーに建っていた礼拝堂が残っているが，それらはすべて長方形の設計プランで，トンネル形の天井にはアーチ形の梁が平行にならび，内陣の奥の壁は平らで採光のために窓が三つあいている。こうしてみると，これらの礼拝堂はシトー会の礼拝堂ときわめてよく似ている。どちらも質素さと「機能性」が求められているのだ。たとえばフルシュ＝アン＝ガティネのサン＝ブレーズ礼拝堂は，考古学者クロード＝クレマン・ペローの研究によると，長さがわずか6.5mの小さな建物で，内陣の奥行きは2.1mにすぎない。内陣の奥の壁は半円形をなし，そこに半円形の窓が三つあいている。高さ12mの屋根からは鐘楼が突き出している。近くの墓地からは，副葬品のほとんどない多数の墓と，「マルタ」十字の刻まれた墓標が発見された。そのほか金属製のエルサレム十字架がひとつと，聖水を入れるための水さしも見つかっている。

1139年３月29日に発布された教皇インノケンティウス２世の教勅「オムネ・ダートゥム・オプティムム」により，テン

⇦コマンドリーの柱頭彫刻――このコマンドリーはマルタ騎士団（かつての聖ヨハネ騎士団。P.65キャプション参照）に属しているが，その建築はテンプル騎士団のそれを彷彿とさせる。

⇩(左)水さしと壷，(右)聖水盤――左の陶器類はフルシュ＝アン＝ガティネのテンプル騎士団の礼拝堂と墓地から出土した。壷はおそらく葬儀のときに香炉として使われたものと思われる。右はロット県のスロメス礼拝堂の聖水盤。テンプル騎士団の十字が彫刻されている。

プル騎士団には専用の礼拝堂と墓地をもつことがゆるされていた（その祭事はふつう礼拝堂付き司祭によって執りおこなわれ，これらの司祭も大半はテンプル騎士団に所属していた)。「なぜなら誓いを立てた修道士が教会に行って，罪人や，女性と交際する人々の群れに混じるのは，はしたなく，また危険だからである」。コマンドリーの礼拝堂は，騎士団の基盤が宗教にあったことをはっきりと示している。そして大半は質素という点で共通している。テンプル騎士団の礼拝堂については，それらが「エルサレムのソロモン神殿にならって」意識的に円形の設計プランを採用したということがよくいわれてきた。たしかに，ロンドンのテンプル教会やパリのタンプル塔のように，円形の建物はいくつかあるが，それは「ソロモン神殿」を模したというより，エルサレムの聖墳墓の円塔を記念したもののように思われる。だが円形や八角形の設計プランをもつ礼拝堂はあちこちに存在する。とりわけイングランドにはこのタイプの建物が多く，テンプル騎士団

⇩ロンドンのテンプル教会――この建物はさいわい当時のままに残っている。礼拝堂はイギリス人に好まれた円形の設計プランである。円形の設計プランは長いあいだテンプル騎士団の建築の特徴だといわれてきた。しかしこれは近東から直接影響をうけたというよりは，アングロ・ノルマン，いやもっと遠くケルトの古い伝統を受けついだと考えるほうが正しいようだ。

のものばかりではなく，ノーザンプトンの聖墳墓教会（上写真）のように，騎士団とは無関係のものもある。フランスでも，多くの墓地の礼拝堂（たとえばサン＝ヴァンサン＝ド＝ラン）や，ペリゴール地方サルラの「死者の塔」などに円形や八角形の設計プランが使われているが，たとえばモンモリヨンの古い洗礼堂はテンプル騎士団のものではなく，逆にメッスの礼拝堂（p.41写真）はテンプル騎士団によって建てられたといわれている。結局，円形や八角形の設計プランはテンプル騎士団に特有なものとはいえないのである。

⇧（左）ノーザンプトンの礼拝堂，（右）メッスの礼拝堂

⇦サルラの「死者の塔」――厳密な意味でテンプル騎士団の建築様式といえるものがあったわけではない。円形や八角形の設計プランは，テンプル騎士団の建物にもそうでない建物にも用いられた。たとえばノーザンプトンの礼拝堂やサルラの塔は騎士団とは関係がなく，メッスの礼拝堂は騎士団の建築である。とはいえ，いずれの建物にも，質素さと高い精神性から醸しだされるある種の美が感じられる。

アルヴィルのコマンドリー

ここはおそらく今日でももっとも保存状態のよいコマンドリーのひとつに数えられるだろう。こうして上から眺めると，おもな建物のひとつひとつがよくみえる。礼拝堂（左端，12世紀），周壁の断片，両脇に塔のある見事な門，いくつかの建物，そのうちひとつは今なお非常に美しいたたずまいを見せている。それから穀倉（これはテンプル騎士団の消滅後，16世紀に建てられた），円形の鳩舎（右端）。こうした建物群が果樹園や菜園とともに大きな四辺形の周壁にかこまれ，外側には畑がひろがっている。ヨーロッパのコマンドリーはだいたいこのようなものだったと思ってよい。ひとことでいえばそれは礼拝堂付きの大きな農場であり，この礼拝堂が騎士団の宗教的性格をあらわしていたのである。

フレスコ画と教会

左頁は，ペルージャ（イタリア）のサン・ベヴィニャーテ教会に残っているフレスコ画。この教会はテンプル騎士団の建てた教会である。下の絵は戦いの場面で，騎士たちは鎖かたびらを身につけ，兜をかぶり，幟と，紋章のある盾をもっている。上の絵は何をあらわしているのかよくわからないが，ライオン狩りが騎士修道士にゆるされた唯一の狩猟であったことを想起させる（そのほかの狩猟は娯楽とみなされ，禁じられていた。P.114）。

本頁には，テンプル騎士団の特徴をよくあらわした礼拝堂が集められている。上段はラ・クヴェルトワラード（フランス南部，アヴェイロン県）の教会。中段はメッス（ロレーヌ地方）の礼拝堂。これはテンプル騎士団の建築にはめずらしい八角形の設計プランである。下段は美しいラン（フランス北部，エーヌ県）の礼拝堂。これも八角形の設計プランで，円味をおびた内陣がついている。サン＝ヴァンサン＝ド＝ランの墓地の礼拝堂によく似ており，テンプル騎士団が独自の墓地の礼拝堂をもてるようになったとき，これをまねて建てたのではないかと思われる。この礼拝堂は現在，ラン博物館の庭にある。

⇦⇩ベラクルス教会（セゴビア）――この教会には真の十字架《ベラクルス》の一片が安置されている。聖ルイ王のいとこにあたるスペイン王，聖フェルディナンド3世もこれを拝みに訪れた。すばらしい建築物で，要塞として構想されている。教会の横の鐘楼は，聖地の城砦のように高くそびえ，あたりを見渡すことができるようになっている。教会内部はロマネスク様式で，半円形の窓，頂部がわずかに尖ったトンネル形の天井などにその特徴があらわれている。

イベリア半島の要塞化されたコマンドリー

円形や八角形の設計プランで建てられたテンプル騎士団の建造物のうち，もっとも美しいものはスペインとポルトガルにある。スペインならたとえばセゴビアのベラクルス教会，ポルトガルならトマールの修道院のような建造物である。後者は12世紀に八角形設計プランの建物が築かれ，

500年ほどのうちに何回か増築がかさねられて，今日の姿ができあがった。イベリア半島は12世紀のほぼ全体を通じてイスラムの脅威にさらされていたため，早くからテンプル騎士団に助けを求めていた。したがってイベリア半島にあるテンプル騎士団の建造物はとくに入念に築かれ，ヨーロッパの他の地域とは異なり，ほとんどすべてが要塞化されている。

⇧トマールのキリスト修道院――この修道院のもとになった八角形の建物は，テンプル騎士団のポルトガル管区長グアルディム・パイスによって1160年に築かれた。

これに対してフランスでは，要塞化されたコマンドリーはわずか2つしかない。ひとつはラ・クヴェルトワラードだが(p.32～p.33写真)，ここが要塞化されたのは14世紀，テンプル騎士団が消滅したあとである。もうひとつはそこからほど近い，同じラルザック台地の麓にあるラ・カヴァルリーで，これはテンプル騎士団によって要塞化されている。どちらもまわりは荒れた寂しい場所で，そうした立地条件が要塞化の理由だろう。

聖なる土地，戦いの土地

一方，近東では，どの建築物をみても，要塞化が不可欠であったこと，騎士団がここでは軍事を優先していたことがわかる。建物の完成にいたる段階が知られているという

⇩アルモウロルの城砦――同じくグアルディム・パイスが1171年に築いたもの。トマールに近い島の，古代ローマの遺跡の上に建っている。

⇧巡礼城の廃墟――イスラエルのアトリット岬にあるこの城は，テンプル騎士団によって築かれ，1218年に要塞化された。ルイ９世とともに聖地に滞在していた王妃マルグリット・ド・プロヴァンスは，この城の一室で２人の子どもを産んだ。

意味では，ガリラヤ地方中央部のサフェト城が有名である。多くの濠と前方掩体《えんたい》に守られ，投石機や弩砲などの兵器をそなえたこの城は，12基の水車によって水をまかない，襲撃されたときは城壁内にある風車で水をくみあげた。常駐の軍隊は総勢1700人で，50人の修道騎士，30人の従士，約50人のトルコプル（補佐の兵士），300人の射手，加えて多くのイスラムの兵士や奴隷からなっていた。

街全体がテンプル騎士の監視にゆだねられたケースもある。たとえば1150年にはガザが，その約15年後にはトルトーザの街が騎士団の監視下に入った。おかげで，1187年，ハッティンの戦いでサラディンに敗れ，エルサレムを失ったとき(→p.58)，テンプル騎士たちはトルトーザに避難することができた。「巡礼城」（上写真）や「白城」など，テンプル騎士団のもっとも重要な要塞群が築かれたのはこの時代である。たとえばトルトーザの東30kmの地点に

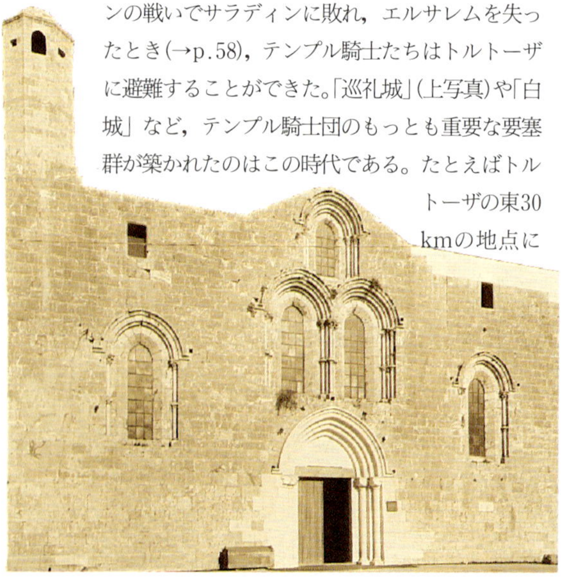

⇦トルトーザの大聖堂――この聖堂は今も昔のままの姿を残している。ハッティンの敗戦後はトルトーザがテンプル騎士団の避難場所となった。聖ヨハネ騎士団はマルガットに退却し，クラック・デ・シュヴァリエ城に避難した。

あるサフィタの「白城」には，正方形プランに高さ17mをこえる塔が，ノルマン様式の城の主塔《ドンジョン》をモデルに築かれた。屋上には狭間があり，そこから騎士たちは20kmばかり離れたクラック・デ・シュヴァリエ城の仲間と合図を交わしていた。

⇧白城の塔の内部──下の階は礼拝堂で，がっしりとした交叉十字形の曲面天井がある。壁の厚みのなかにつくられた階段をのぼると，上の階の大広間，さらにのぼると狭間のある屋上にでる。

⇧農作業——サルジェ＝シュル＝ブレーのサン・マルタン教会（11世紀建築）の壁画には，聖マルティヌスの生涯やキリストの幼年時代とともにテンプル騎士たちの農作業のようすが描かれている。

二つの使命：剣と鍬

テンプル騎士の生活は，封建社会と密接な関係にある二つの側面をもっていた。まず，彼らは従士や盾持ちをしたがえて軍事活動をおこなった。要塞を築き，秩序をまもり，巡礼者を保護し，敵の多い土地でたえず脅威にさらされているエルサレム王国の存続のために，身を投げだして戦った。一方，彼らは農民をしたがえて農業に従事した。騎士団にあたえられたヨーロッパの土地を利用して作物や家畜をそだて，麦や雑穀，牛や馬を近東に送った。

パリでは，現在マレ地区とよばれているセーヌ河畔の広い沼《マレ》を干拓して，そこに菜園をつくった。それはそのころ大きな発展をとげつつあった都市の需要にこたえることにもなった。あちこちで，沼の排水をよくして運河をひく工事がおこなわれた…。だがテンプル騎士団のこうした活動は，顧みられることがあまりにも少ない。ヨーロッパのコマンドリーはたんに礼拝堂のある集会場ではなかった。テンプル騎士たちはいたる所で，たぐいまれな熱心さで土地利用に取り組んだのである。

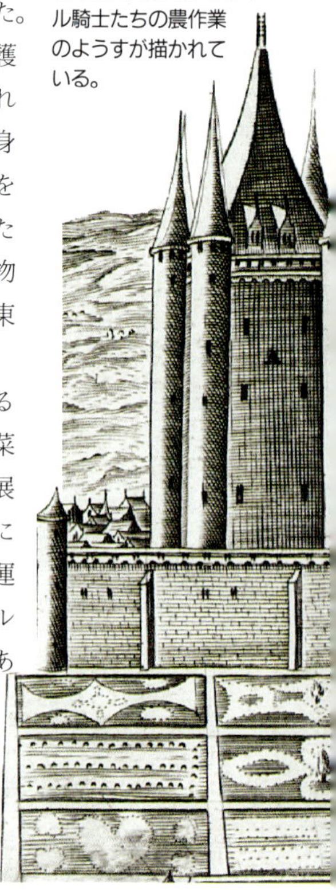

農業においても修道生活においても，彼らはシトー会

から多大な影響をうけていた。礼拝堂が質素で飾り気がないことも同じなら，農業への精進ぶりも同じである。テンプル騎士たちは，ヨーロッパでは農業に気を配り，近東では要塞の建設と戦争の仕方に精通していた。当時，彼らは，戦闘ではこの上なく思慮深い兵士だといわれていた。ようするにこの騎士修道会は，海外遠征というきわめて特殊な状況のなかで生まれたとはいいながら，同時代のヨーロッパ社会の事情もきわめて忠実に映しだしていた。封建領主たちによってつくられたテンプル騎士団は，教会とのきずな，土地との結びつきによって，骨の髄まで封建的だった。そのことを考えれば，この騎士団が11世紀から13世紀末までのフランスを形成した封建社会より長生きできなかったといって驚くことは何もない。剣と火に取り囲まれた彼らの最期が，封建制の終焉の印となったのである。

（左頁）普段着のテンプル騎士――テンプル騎士は兵士であると同時に農民でもあった。
テンプル騎士のパリ本部（左下）はたしかに豊かだったが，それは必ずしも預かっていた財産（たとえば王家の金庫）によるのではなく，熱心に農業に励んだおかげだった（上）。

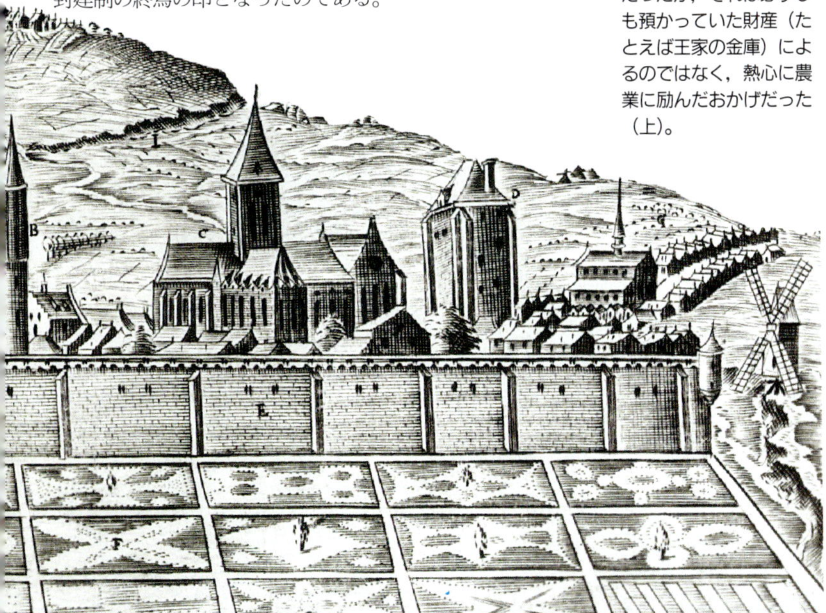

❖1238年に発表された教皇グレゴリウス9世の教勅によれば，ヤッファからカエサレアまでの街道はテンプル騎士団の監視下におかれていたという。たしかに騎士たちの日常業務は巡礼者の保護だった。しかし彼らの伝説は，非日常的な戦いのなかで，エルサレム征服後の聖地の歴史をいろどる数々の武勲のなかでつくられた。……………………………

第3章

聖地の防衛

⇦要塞を襲う十字軍

⇨戦闘服のテンプル騎士――テンプル騎士たちはエルサレム王国が存続した200年のあいだ，自分たちの任務をはたしつづけた。「当地に住む者，巡礼者，貧者，そして主の御墓をおとなうすべての者にとって，テンプル騎士がいかに助けとなり慰めとなったか，信者なら誰でも知っているはずだ」と，1132年のある証文には記されている。

1138年，テンプル騎士団はテコアの攻撃に参加した。これは彼らが聖地で経験したはじめての戦争であり，はじめての敗戦でもあった。その頃はまだ，街を捨てたと見せかけてまもなく大挙して引き返し，キリスト教徒を虐殺するトルコ軍の戦術に慣れていなかったのだ。アスカロンを拠点とするトルコ軍の襲撃は，1153年，エルサレム王ボードワン3世がアスカロン包囲戦を決意するまで断続的にくりかえされ，巡礼路の安全をおびやかした。

第2回十字軍の失敗

1144年，エデッサが陥落し，第2回十字軍が組織された。エデッサは初回十字軍のときに攻め取った街で，エデッサ伯国の首都である。フランスでは，国王ルイ7世と王妃アリエノール・ダキテーヌが，十字軍への参加を決意した。ローマ教皇エウゲニウス3世も，1147年4月27日，テンプル騎士団パリ本部でひらかれた第1回参事総会にみずから出席した。一方，ドイツでは神聖ローマ帝国皇帝コンラート3世が遠征軍を組織した。

⇩コンラート3世とその署名――ドイツの街シュパイアーの集会で聖ベルナールの説教を聞いたコンラート3世は，エルサレムに一番乗りした国家元首という栄誉をフランス王に取られたくなかった。そこで彼は一番先にコンスタンチノープルに着いたが，ビザンツ皇帝マヌエル・コムネノスはこれを喜ばなかった。皇帝は自国の国境付近で十字軍国家が強大化するのを恐れていたのだ。

しかし彼らの遠征は困難の連続だった。ドイツの十字軍は，案内のビザンツ人にだまされて十分な食糧をもっていなかったため，トルコ人の襲撃に遭わなくても餓えで全滅するところだった。フランス軍も，小アジアのピシディア峡谷に入ったとき，前衛が先を急いだために隊列がとぎれ，トルコ軍の襲撃をゆるしてしま

⇦ヴェズレーの丘のルイ７世――1146年，ルイ７世はヴェズレーの大修道院で，王妃アリエノール・ダキテーヌとテンプル騎士の見守るなか，祭壇から巡礼者の杖をとり，教皇から出陣の旗をうけとった。民衆のあいだにはつぎのような言い伝えがあった。すなわち，カール大帝の血を引き，エルサレムを手に入れた君主には，千年の繁栄と平和があたえられるという。このため国王の決断は民衆の熱狂を引き起こし，騎士たちの士気も高揚した。出発は翌年と決定した。

った。この「いまわしい山」越えで，遠征軍は壊滅的な打撃をこうむった。ルイ７世は騎士団のフランス管区長エヴラール・デ・バールの指揮するテンプル騎士団に護衛を頼み，かろうじて窮地を脱した。このあと王軍はダマスクスを攻撃をしたが，

⇩川を渡るテンプル騎士たち

⇦1147年のテンプル騎士団の参事総会——1147年の復活祭から8日目の祝日，教皇エウゲニウス3世は，国王やランスの大司教その他の高位聖職者とともに，まだ新しいテンプル騎士団のパリ本部でひらかれた参事総会に出席した（左の玉座の人物が教皇。P.26と同じ画家が描いたので，ここでも白い法衣と教皇冠をつけている）。総長エヴラール・デ・バールと130人のテンプル騎士は，このときはじめて白いマントの左胸に鮮やかな赤の十字をつけた。赤の十字は「彼らがこの勝利のしるしを盾として，いかなる異教徒からも逃げることのないように」紋章として教皇から下賜されたものである。軍隊を統率する国王に力を貸すため，フランスやスペインのコマンドリーから集まったテンプル騎士たちは，十字軍に加わってルイ7世とともに聖地に向かうことを決意した。そしてじっさい彼らは聖地でめざましい活躍をしたのである。

けっきょく敗退した。第２回十字軍は失敗だった。コンラート３世は1148年９月に聖地を去り，ルイ７世もまもなく帰国の途についた。

1153年，テンプル騎士団はアスカロンの包囲戦に加わった。第４代総長ベルナール・ド・トレムレーは，街を独占しようと騎士たちを率いてわれ先に街に侵入した。しかし40人のテンプル騎士は，まもなく大挙して戻ってきたトルコ軍に殺されてしまう。それでもアスカロンは数日後に陥落した。

⇩アスカロンの包囲——若きエルサレム王ボードワン３世がアスカロンの包囲を決意したのは，この街がトルコ軍に握られ，沿岸一帯の脅威となっていたからである。街の包囲は４ヵ月におよんだ。数年前にガザとサフェド城を手に入れていたテンプル騎士団もこれに協力したが，欲にかられて先走り，街が陥落する前に総長もろとも殺されてしまった。

王の決断，騎士団の判断

⇧全盛期のラテン国家——東方ラテン国家は現在のトルコ南岸から紅海のアカバ湾まで広がっていた。しかし互いのライバル意識のために，サラディンやその後継者たちの襲撃に対して領土を守ることができなかった。

1167年，エルサレム王国は年貢とひきかえにエジプトを保護することになった。エジプトとシリアの反目を利用してエジプトと同盟をむすび，弱体な十字軍国家の存続をはかろうとしたのだ。

ところが翌年，アモリー王はビザンツ皇帝の影響のもとに，この同盟関係を断ち切り，エジプト遠征を企てた。テンプル騎士団とよく似た活動をおこなっていた聖ヨハネ騎士団の総長は，ビザンツとの同盟軍に加勢することを承諾した。だが，テンプル騎士団総長のベルトラン・ド・ブランクフォールは協力の要請を断わった。年代記作者のギヨーム・ド・ティールは，概してテンプル騎士団には好意的ではないのだが，このときばかりは総長の肩を持っている。「テンプル騎士団の総長と修道士たちは頑としてこの仕事に介入しようとせず，この戦争では王に従うつもりはないといっていた。…おそらく彼らは，王がみずから誓約した協定に反して，エジプトに戦争をしかけるのは正しくないということに気づいたのだろう」。はたして，アモリー王の政治判断は誤りであったことがまもなく明らかになった。

エルサレム王国に新たな脅威が出現したのだ。サラディンである。1169年，彼はエジプトの宰相を殺し，エジプトで実権を握った。そしてその後，ダマスクス(1174年)，ついでアレッポを統合し(1183年)，広大なイスラム王国を築きあげていく。一方，十字軍側はパレスチナのわずかな領土とエルサレム王国を支配するのみだったが，1174年に13歳の若さでアモリー王のあとを継いだ息子のボードワン4世は，ハンセン病に冒されながら，いくつかの戦争を果敢に戦った。たとえば1177年のモンジザールの戦いでは，ガザから強行軍でかけつけた80人のテンプル騎士をふくむ，わずか500人の騎士をしたがえて，サラディンが抱える3万のマムルーク兵（トルコ人やスラヴ人の奴隷からなる精鋭の騎兵）を追い散らし，十字軍の歴史に残る輝かしい勝利をもたらしている。

だがそのボードワン4世も1185年に没した。エルサレム王の地位は，最近この地へやってきて彼の妹と結婚した大領主，ギー・ド・リュジニャンのものとなった（1186年）。トリポリ伯レーモン3世が摂政だった。

ジェラール・ド・リドフォールとエルサレムの陥落

⇩ギー・ド・リュジニャンとトリポリ伯レーモン3世の和解――ボードワン4世亡きあと，この二人はエルサレムの王位継承をめぐって対立していたが，紆余曲折の末に和解した。それまでの不和の関係がサラディンには好都合だった。

そのころテンプル騎士団では，ジェラール・ド・リドフォールという人物が新しい総長に選ばれていた（1184年）。彼は富をもとめて聖地にやってきた遍歴の騎士で，聖墳墓の解放よりも自分の栄達を大事に思っている青年貴族のひとりだった。まずトリポリ伯レーモン3世に近づき，ブートロンの領地の女相続人である伯の家臣と結婚しようとしたが，許されなかったので伯爵を恨み，激しい憎しみを抱いていた。それからうまくテンプル騎士団に入り込み，総長に選ばれたのだが，そのためには不正な手段も辞さなかったらしい。

1187年5月，ジェラール・ド・リドフォールは，カザル＝ロベールへの無謀な遠征を企てた。140人のテンプル騎士は7000人のサラディン軍に

⇦ハッティンの戦い――十字軍がハッティン（ここには一帯で唯一の水源があった）にむけて行軍を開始したとき，レーモン３世が前衛隊を指揮し，そのあとをギー・ド・リュジニャン王が本隊とともに進み，テンプル騎士たちがしんがりをつとめた。かれらはまもなくサラディンの軍隊に見つかり，小刻みな攻撃に悩まされた。灼熱の太陽の下，兵も馬も，のどの渇きに苦しんだ。サラディンは風が十字軍のほうに吹いているのを知ると，彼らがハッティンの丘で野営するのを妨害するために火を放たせた。あっという間に十字軍はイスラム軍にとりかこまれた。敵との距離は非常に近く，「猫一匹でも敵に見られずに軍から離れることはできない」ほどだった。サラディンとその軍隊に襲われ，大量の十字軍兵士が降伏した。サラディンはテンプル騎士を部下にひきわたし，部下は彼らをイスラムの仇敵として何日間にもわたって痛めつけた。拷問にかける前には決まって「掟を唱える」，つまりイスラムを信仰するよう要求する。だが230人の騎士たちはこれを拒んだという……。

あっさりと敗退し，総長ひとりを残して全員が殺された。このあとサラディンはティベリアスの街を包囲しにかかった。ここにはトリポリ伯レーモン３世の妻子が住んでいたが，レーモン３世は，総勢６万人のサラディン軍と戦って味方の３万人(そのうち騎士は1200人）を失うよりは，むしろ街を手放す方がましだと思っていた。だがジェラール・ド・リドフォールがエルサレム王ギー・ド・リュジニャンを焚きつけた。レーモンを臆病者よばわりし，サラディンと対決すべきだと主張したのである。十字軍は1187年７月の灼熱の昼

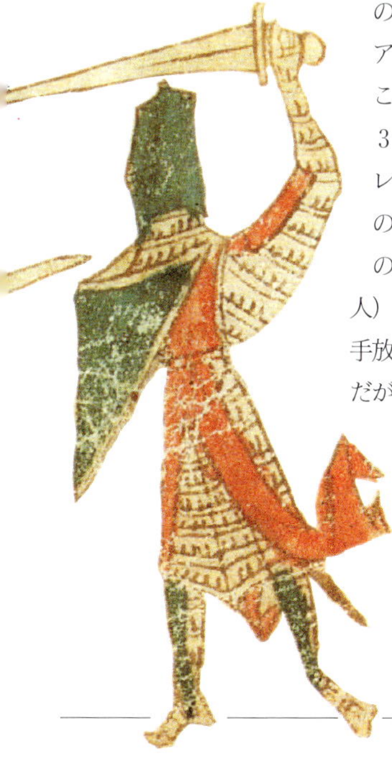

⇦戦うテンプル騎士たち

⇦サラディンのエルサレム攻略――ハッティンの戦いののち，ガザとその周辺の要塞がサラディンに降伏した。「トルコ軍はアリのように聖地に広がった」。アッコンではトルコ軍が略奪のかぎりを尽くし，ハッティンの戦いを生きのびたジェラール・ド・リドフォールも1189年10月4日に殺された。テンプル騎士団の財産はサラディンの顧問官のものとなった。エルサレムを失ったことは十字軍にとって壊滅的な打撃だった。

間，一帯で唯一の水源があるハッティンの丘をめざして行軍を開始した。まもなく彼らはサラディンの軍隊に包囲された。トリポリ伯レーモンなど，数人の騎士は敵の戦線に突っ込み，首尾よくこれを突破した。ギー・ド・リュジニャンは捕虜となり，テンプル，聖ヨハネ両騎士団の騎士たちは勝者サラディンによって全員捕らえられ，惨殺された。ところがなぜか，ジェラール・ド・リドフォールだけは釈放されたのである。

　サラディンはさらに攻撃をつづけた。アッコンを掠奪し，1187年7月4日には，ついにエルサレムを奪い取った。街の住民は自分で身代金を払える者，サラディンが釈放に同意したか身代金を払ってくれた者以外は，すべて奴隷にされてしまった。ジェラール・ド・リドフォールは各地の要塞を訪れ，住民に投降をすすめた。これ以降，聖地で，とりわけテンプル騎士団のなかで，前から行動の怪しかったこの人物がじつは「掟を唱えた」，つまりひそかにイスラム教に改宗していたらしいという噂が流布することになる。

第3回，第4回，第5回十字軍

　それでも西欧人は聖地に踏みとどまった。たしかに領土は

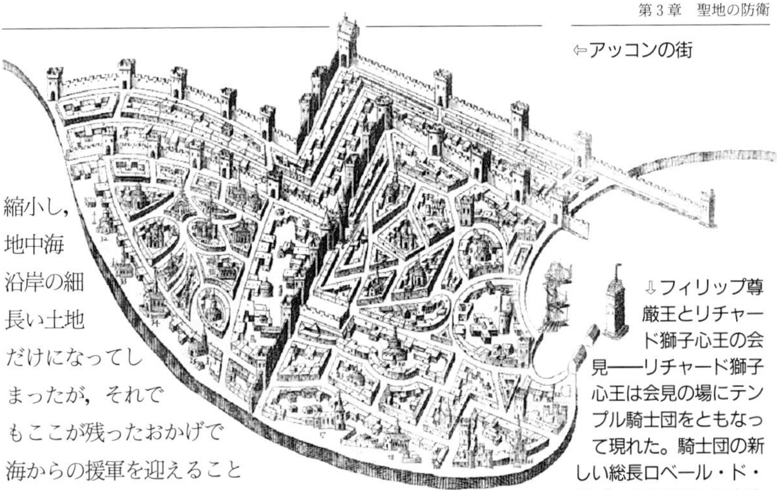

⇦アッコンの街

縮小し，地中海沿岸の細長い土地だけになってしまったが，それでもここが残ったおかげで海からの援軍を迎えることができた。こうして1191年，フランス王フィリップ２世と，イングランド王リチャード１世が救援にかけつけ，サラディンの死（1193年）を間近にひかえたイスラム世界の不和に乗じて，テンプル騎士とともにアッコンを奪回した（第３回十字軍）。テンプル騎士団では，1189年にジェラール・ド・リドフォールが死

⇩フィリップ尊厳王とリチャード獅子心王の会見――リチャード獅子心王は会見の場にテンプル騎士団をともなって現れた。騎士団の新しい総長ロベール・ド・サブレは王の親しい友人だったのだ。

んだのち，イングランド王の封臣ロベール・ド・サブレが総長にえらばれた。彼とつぎの総長ジルベール・エライユのもとで，テンプル騎士団はアッコンを拠点とし，アトリットに巡礼城を築いた。そのあいだに第4回十字軍が送られたが，これは方向を転換してコンスタンチノープルを攻略した。

テンプル騎士団は，今や名のみのエルサレム王となったジャン・ド・ブリエンヌを助けて，エジプト攻撃に加わった。第5回十字軍である。1219年，ダミエッタを奪われたスルタンのアル＝カーミルは十字軍が撤退するなら，かつてのエルサレム王国の領土を返還してもよいといってきた。そのころ，チンギス・ハーン率いるモンゴル軍のペルシア侵入の話が伝わり，イスラム世界としてはそちらの方が心配だったのだ。

十字軍にとっては，エジプトとシリアの挟み撃ちにあわないことが何より肝心だった。ところが，ジャン・ド・ブリエンヌの指揮で有利にすすんでいた状況は，教皇特使ペラギウス枢機卿の甘い判断によって一転する。エジプト征服に固執した彼の命令で攻撃を続けた結果，十字軍はダミエッタを奪

⇩ダミエッタの襲撃――1219年，十字軍はエジプトへの攻撃を再開した。サラディン時代に何もできなかったことへの反動である。11月5日，彼らはダミエッタを奪い取った。「テンプル騎士たちは大型の投石機をもっていた。これは石を遠くまでまっすぐに飛ばすことができ，街に大きな損害をあたえた。石はあちらにもこちらにも，近くにも遠くにも飛んでくるので，よけられるものでなかった」。

⇦⇩フリードリヒ２世の十字軍遠征――フリードリヒ２世とテンプル騎士団との関係は，1228年の春，フリードリヒ２世が聖地に到着したときから緊張しており，騎士団の態度は冷ややかだった。じっさいドイツの十字軍の主目的は外交折衝にあったのだ。彼らにとって大事なことは，フリードリヒ２世を破門したローマ教皇府を見返すことであり，そのためにはスルタンとの交渉もためらわなかった。「彼があまりあっけらかんと反キリスト教感情を口にするので，イスラム教徒自身も困惑した」（マリオン・メルヴィル）。

い返されたばかりか領土返還もならず，1221年，とうとう降伏に追い込まれてしまった。

ドイツ騎士団との対立

テンプル騎士団は，第６回十字軍のはじめ（1228年）から，神聖ローマ帝国皇帝フリードリヒ２世と公然と対立した。皇帝はローマ教会から破門されていながら，エルサレムの返還のために，エジプトのスルタンを相手に折衝をおこない，成功させた。1229年のヤッファ協定により，イスラムの聖所は別として，向こう10年間，エルサレムをキリスト教徒に返

すという約束をとりつけたのである。

フリードリヒ２世は1190年に成立したドイツ騎士団を優遇した。この騎士団もめざすところはテンプル騎士団と同じだった。だがその誕生は，東方でも西方でも，非難の嵐を巻き起こした。そもそも1099年のエルサレム征服にいたったキリスト教世界の高揚は，いかなる国，いかなる国家元首とも特別なつながりをもたなかった。テンプル騎士団への入会にしても，民族や国とは無関係に，ただキリスト教世界への所属だけを条件としていたのだ。ところがドイツ騎士団は，フリードリヒ２世という個人につかえる騎士集団にすぎなかった。それが高じて彼らは1229年３月18日，皇帝が聖墳墓教会でおこなったエルサレム王としての戴冠式にまで出席したのだ。

破門皇帝がエルサレム王となったことに怒った教皇特使は，エルサレムにおける祭事の挙行を禁止した。フリードリヒ２世はこの辱めをテンプル騎士団のせいにし，逆襲と称してアッコンの騎士団の城を包囲した。だが，彼のやり方に憤った住民が暴動を起こしたため，早々に聖地から退散せざるをえなかった。

テンプル騎士団と聖ヨハネ騎士団は前からひそかに対立はしていたが，フリードリヒ２世のパレスチナ滞在中，聖ヨハネ騎士団が皇帝にいくらか協力したため，激しい敵意がむきだしになっていた。皇帝が去ったあと，パレスチナでは三大騎士団が公然と争うようになった。破門中の「王」に対するキリスト教徒住民の不信感から，パレスチナはある種の麻痺状態に陥り，この地域をめぐってきわめて現世的な利害対立から紛争が起こり，かつてはなかった国家レベルでの同盟が結ばれるようになった。

⇩自分で自分に戴冠するフリードリヒ２世。

⇨フリードリヒ２世の戴冠に立ち会うヘルマン・フォン・ザルツァ――みずからの手でエルサレム王として戴冠したフリードリヒ２世の信任は，ドイツ騎士団総長ヘルマン・フォン・ザルツァの前で「支離滅裂な，不明瞭なやり方」でおこなわれ，「王にふさわしい威厳と荘厳さとはほど遠」かった。テンプル騎士団と聖ヨハネ騎士団は儀式への参加を断った。

⇦ドイツ騎士団の騎士——ドイツ騎士団は聖ヨハネ騎士団とテンプル騎士団をモデルにつくられたが，創立時から国との結びつきがきわめて強かった。13世紀，彼らは聖地や地中海地方，とりわけドイツに広大な領地を得た。白マントに黒十字，いかにもドイツらしい兜（左図）が彼らの特徴だった。パレスチナを去ったあとは植民活動に力を入れ，プロイセン方面に神聖ローマ帝国の領土を拡大した。ドイツ騎士団は1809年，ドイツに侵攻したナポレオン１世によって廃絶されたが，慈善事業に専念する宗教団体として，今でもオーストリアで命脈を保っている。

聖王ルイの遠征:第７回十字軍

1244年８月，聖都エルサレムは，テンプル騎士の抵抗もむなしくふたたびトルコ軍に攻め込まれた。348人の騎士のうち312人が戦死した。エルサレムは失われ，西欧軍は潰走した。エル

⇩聖ヨハネ騎士団の印章

サレム王国もついに滅びるときがきたのか。

だがルイ9世とその兄弟の到着が，第1回十字軍のときと同じような希望を吹きこんだ。聖地に着いた彼らは，今やお決まりの攻撃目標となったエジプトへむかい，1249年6月6日，ダミエッタを奪回した。その後，カイロに向けて進軍を開始したが，ナイル川デルタの南東にあるマンスーラの前まできたとき，王の弟，ロベール・ダルトワが，自分の軍隊をひきつれて，王の命令にさからい，敵陣に突っ込んだ。結果

は惨憺たるものだった。それでもフランス王は体勢を立て直したが(1250年2月8日)，赤痢の流行と飢餓のために大きな打撃をこうむった。王の軍隊は潰走し，王自身は捕虜となり，テンプル騎士団総長のギヨーム・ド・ソンナックは戦死した。

フランス王妃マルグリット・ド・プロヴァンスは，夫の遠征中，たぐいまれな勇気を発揮してダミエッタを守り，街の返還を交換条件に，夫と主だった騎士たちを解放させた。

ルイ王とマルグリット王妃はその後も4年間，聖地にとどまり，要塞をひとつひとつ解放しながら，キリスト教徒どう

↙聖ヨハネ，テンプル両騎士団の融和を勧める狐のルナール――ルナールは中世動物叙事詩の主人公の名前。聖ヨハネ騎士団は，テンプル騎士団と同様に，巡礼の保護と世話を目的として発足した。発足（1113年）も，教皇による公認（1120年）も，テンプル騎士団より数年早い。両騎士団は聖地の支配者への支援においてしばしば競合・対立した。たとえばテンプル騎士団はフリードリヒ2世を敵視していたが，聖ヨハネ騎士団のほうはいくらか協力している。しかし1241年には聖ヨハネ騎士団もフリードリヒ2世と敵対関係に入り、ラテン王国の衰退を加速させた。アッコンの陥落後はキプロスにうつり，ロードス島を征服してそこを本拠地とした。だが1552年には，オスマントルコのスルタン，スレイマン大帝に島を追われることになる。騎士団はマルタ島に逃げ，「マルタ騎士団」を名のった。だが1798年にナポレオンに島を奪われ，最終的にはローマに落ち着いた。

しの不和と分裂によって大きく揺らいでいた王国を建てなおした。そのために王がなした貢献の一例をあげれば，テンプル騎士団の新総長ルノー・ド・ヴィシエがダマスクスのスルタンと独断で結んだ協定を，王が断固として破棄させたというエピソードがある。この出来事のために，テンプル騎士団は傲慢で反抗的だと取り沙汰されたが，それはかならずしも事実無根ではなかったと思われる。

⇧天使の訪問をうける囚われの聖王ルイ――降伏した聖王ルイは，身代金を支払うよう妻のマルグリット・ド・プロヴァンスに頼まなければならなかった。これをうけてマルグリット・ド・プロヴァンスはジョアンヴィルをテンプル騎士団に遣わした。

聖地での最後の戦い

聖王ルイが1254年４月に聖地を去ると，しばらく沈静化していた内部抗争がふたたび激しくなってきた。これに大きな影響をおよぼしたのが，当時，沿岸部に出入りしていたイタリアの商人どうしの争いである。彼らは十字軍に武器や食糧を調達していたが，それは何よりも自分たちが儲けるためだった。商売敵《しょうばいがたき》を排除しようとするあまり，とうとうジェノヴァの街と，ヴェネツィアとピサの商人たちのあいだで本格的な戦争がはじまり，ジェノヴァが聖ヨハネ騎士団に，ヴェネツィアとピサがテンプル騎士団に支援をもとめてきたのである。教皇が介入をこころみたが成功しなかった。この醜い争いのなかで，十字軍側の諸侯たちは，イスラムに脅威をあたえていたモンゴルと同盟関係を結ぶチャンスを逸してしまった。

マムルーク朝エジプト（1250-1517年）のスルタン，バイバルスはこれに乗じてカエサレア，サフェト，ヤッファなどの十字軍の拠点をつぎつぎと奪った（1265～1268年）。彼はテンプル騎士団からは白城，聖ヨハネ騎士団からクラック・デ・シュヴァリエを奪い取った（1271年）。

それから10年間の休戦協定が結ばれたが，十字軍側の結束を固めることができないまま，1288年，マムルーク朝の攻撃

が再開した。そしてついに決定的な事件が発生する。イタリアからきた巡礼者の集団がイスラム教徒を襲ったという理由で，スルタンのアル＝アシュラフが，22万の大軍を率いてアッコンを包囲したのである。テンプル騎士団総長ギヨーム・ド・ボージューと，聖ヨハネ騎士団総長ジャン・ド・ヴィリエは，この期におよんで和解し，つれだって塔から塔へと移りながらイスラム軍を相手に戦ったが，ともにこのとき戦死した。そしてついに，イスラム軍が掘った坑道と突撃によって最後の塔が崩れ落ち，最後のテンプル騎士たちは突撃してきたマムルーク兵もろとも生き埋めになった。1291年5月28日，城塞は陥落した。最後まで残っていた十字軍の拠点（ティルス，シドン，トルトーザ）は戦わずして明け渡され，生き残ったテンプル騎士も全員聖地を去った。

⇩ジャック・ド・モレーとテンプル騎士たちの襲撃――ギヨーム・ド・ボージューの側近に，テンプル騎士団最後の総長となるジャック・ド・モレーがいた。彼はテンプル騎士団の聖地での最後の戦いに参加した。

❖アッコンの陥落とともに，聖地からキリスト教徒の姿が消え，巡礼者の保護というテンプル騎士団の使命も終わった。すでに，宗教的にも政治的にも疑問視される行動によって，テンプル騎士団の信用は失墜していた。西欧へ退却した彼らは破滅への道を歩むことになる。……………………………………………………………………………

第４章

破　滅　へ　の　道

⇦ジャック・ド・モレー
⇨美男王フィリップ４世の印章――テンプル騎士団の象徴的人物，ジャック・ド・モレーは1244年に生まれ，1314年３月，火あぶりの刑で死んだ。火刑を命じたのは美男王フィリップ４世である。彼の治世（1285～1314年）は，本来の意味での封建時代がおわり，王が一人で国を治める君主制への渇望がめばえた頃だった。

テンプル騎士は聖地ではほぼ全員が殺されてしまったが，西欧のコマンドリーにはまだ大勢の会員が残っていた。総長も代替わりした。ギヨーム・ド・ボージューのあとはチボー・ゴーダン，その死後はジャック・ド・モレーが総長に就任し（1298年），今では確たる存在理由をもたない騎士修道会を率いることになった。彼はテンプル騎士団の新本部があるキプロス島に居住した。一方，聖ヨハネ騎士団は傷病者の救護という本来の目的にもどり，1309年に征服したロードス島を本拠として，多くの支部で活動をつづけていた。

テンプル騎士団の悪評

テンプル騎士団の評判は落ちていた。理由はいくつもあった。まず，キリスト教会に対して数々の義務を免れていたことがあげられる。それは，1139年のインノケンティウス２世の教勅「オムネ・ダトゥム・オプティムム」とともに始まった。これによってテンプル騎士団は，司教の裁治権から自由になった。つまり，コマンドリーの所在地の司教に従属しない専属の司祭をかかえることができた。また，テンプル騎士団は収穫に課せられる十分の一税を免除されていた。テンプル騎士団以外の修道会で，この税が免除されていたのは12世紀に隆盛をきわめたシトー会だけである。そのほかにもテンプル騎士団にはさまざまな特権があたえられ，司教たちの妬みを買っていた。

ヨーロッパの銀行家

テンプル騎士団はまた，莫大な富を貯めこんでいると噂され，それも不評の一因となっていた。噂の根拠は，騎士団が多大な寄進を受けていたこと，本格的な銀行業務をおこなっていたことである。彼らの銀行業務は次のような習慣からはじまった。すなわち，これから巡礼の旅にでようとする者が，

⇦ジャック・ド・モレーの入会——ジャック・ド・モレーは1265年，定式書の決まりにしたがってテンプル騎士団への入会をゆるされた。「ただし彼［修道志願者］は一心に会則の命令に従うことを欲さなければならず，総長と修道士たちは彼の入会を喜ばなければならず，修道士たちは参事会に集まらなければならず，彼は皆の前で決意と願いをのべ，真の勇気をもって入会を乞わなければならない」。ひざまずき，両手をあわせて入会を乞うた修道志願者は，そのあと福音書の前でさまざまな質問に答え，それから誓う。「はい，神の御心のままに」。そしてテンプル騎士団への所属のしるしとして，マントをまとうのである。（→P.102）

⇩トロワ伯アンリによるプロヴァンの城館の寄進証書——12世紀と13世紀には遺贈が頻繁におこなわれた。

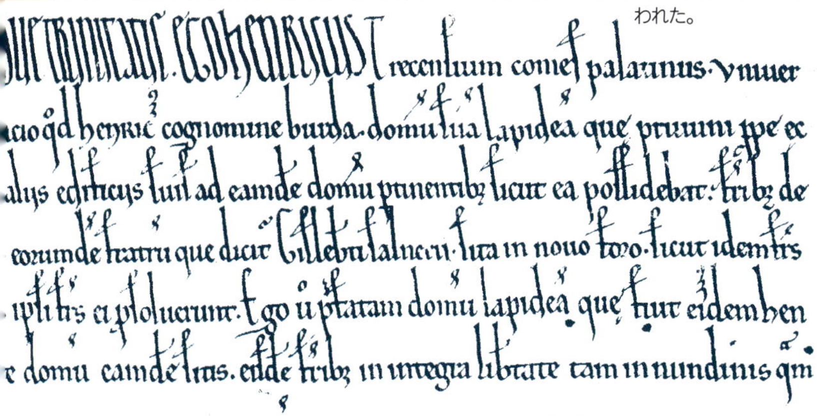

⇧(上)ヘンリー2世から宝をうけとるテンプル，聖ヨハネ両騎士たち，(下)聖レミギウスのものといわれる聖杯——テンプル騎士団には城館や土地ばかりでなく，ときには宝そのものが寄進されることもあった。上の細密画で，騎士たちがプランタジネット朝の王ヘンリー2世(在位1154-89)からうけとっているのは，ミサのとき，聖別された葡萄酒を注ぐ聖杯。ランスの大聖堂の宝物となっている聖杯(下)とよく似ている。

危険な道中で盗みや追いはぎに遭うことを怖れ，路銀を西欧のテンプル騎士団の支部に預けておく。そして信用状に相当する証明書を海外のテンプル騎士団支部に示し，そこで現金に替えてもらうのだ。こうしてテンプル騎士団は，自分のものではないにしても，多額の金をもつようになった。そして彼らの活動はやがて本当の銀行業務に発展したのである。

聖王ルイのもとで第7回十字軍に加わり，のちに年代記を書いたジョアンヴィルは，1250年，捕虜となった王を釈放するために身代金を工面した顛末《てんまつ》を，つぎのように語っている。身代金は20万リーヴルだったが，3万リーヴル足りなかった。そこでジョアンヴィルの発案で，テンプル騎士団から金を借りることにした。しかし支部長のエチエンヌ・ドトリクールは難色を示した。この金は自分のものではない，自分は預かっているにすぎないのだから，たとえ王を釈放するためであっても自由に使うわけにはいかないというのだ。怒ったジョアンヴィルはさっと斧をつかみ，「これを王の鍵にしてくれる」と言うなり，金庫をうち割って中から3万リーヴルを取り出した。彼は，テンプル騎士団はアッコンに王の預金をもっているのだからそれで埋め合わせればよい，と自分の行為を正当化している。

19世紀の歴史家レオポルド・ドリールが書いているとおり，「13世紀をつうじて，十字軍と聖地でのさまざまな場面に必要となった財源は，すべてテンプル騎士団の金庫にあり，そこで管理されていたといっても過言ではなかった」のだ。だがこれは聖地への巡礼がさかんになる前の習慣が発展したものだった。昔から領主たちは，金銭や貴重品を教会の金庫にあずけていた。教会の金庫ならば見張りは十分だし，神聖な場所なので預けた財産についてとやかくいわれる心配がなかったからだ。テンプル騎士団は警備のしっかりした軍事組織で，近東にも西欧にも支部を多数もっていたから，その経済活動はいやが

⇧アラゴン家のコンスタンサの宝冠

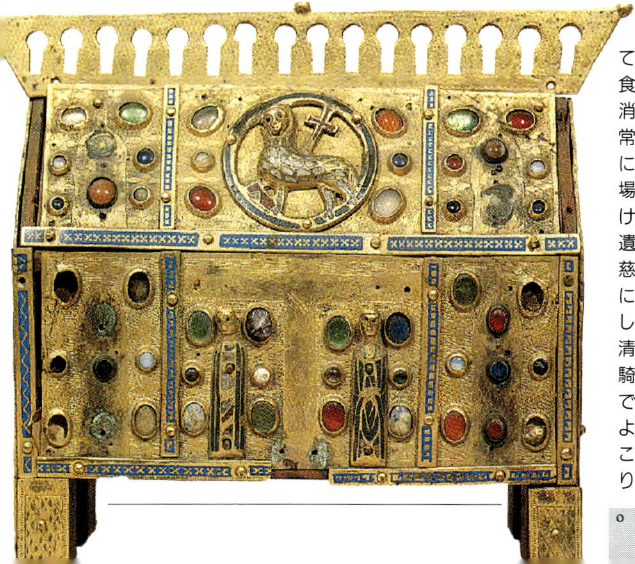

⇙聖遺物箱——テンプル騎士団はしばしばこのような豪華な冠や聖遺物箱をうけとった。だが寄進物の中心をなしていたのはやはり家畜や食糧（麦や葡萄酒）などの消費財である。寄進は通常，聖地へ出発するときにおこなわれたが（この場合は寄進といっても預けることが目的だった），遺言状を作成するときや，慈善の誓いをたてたときにもおこなわれた。こうして人々は，この上なく清らかとされたテンプル騎士団に財産を託したのである。教皇庁の許可により，テンプル騎士団はこれらの寄贈物をそっくり享受することができた。

⇦ランディの大市――毎年恒例の大市は，重要な商取引の場である。サン＝ドゥニでひらかれていたランディの大市には，ヨーロッパはもちろん，ビザンツ帝国からも商人たちが集まった。大市には商人だけではなく，テンプル騎士も姿をあらわした。農業経営者として，農作物や家畜を売るためである。それが彼らの日常の収入だった。これに対して特別の収入は，年に一度，西方キリスト教の教会堂でおこなうことをゆるされていた募金から得られた。

上にも活発化した。そこには今日の為替手形や銀行小切手の萌芽がみてとれる。古文書に大量に含まれている借金の証文によれば，返済はシャンパーニュやイール・ド・フランスの大市でおこなわれるか，シエナ，ピサ，ジェノヴァなどのイタリア商人を介しておこなわれていた。

王家の金庫

12世紀の終わり頃から，テンプル騎士団のパリ本部は王家の金をあずかるようになった。尊厳王フィリップ2世が，第3回十字軍への参加を決めたとき，自分の留守中に各地の王領から徴収した金を，すべてテンプル騎士団の金庫にあずけるよう指示したのである。それ以来，フランス王家の金庫は13世紀末までテンプル騎士団にあずけられ，王は当座預金のようにそこから個人的な必要経費をとりだしていた。

もっとも，王家の金庫のうち行政用のものは，1295年からルーヴル宮殿にもおかれていた。ところが美男王フィリップは，1302年にクルトレーの戦いで大敗を喫すると，テンプル騎士団に助けをもとめた。騎士団の巡察使（一種の検査官）ユーグ・ド・ペローは，王の命令で，フランドル戦争を続行するために税金を取り立てることになった。

この徴税活動は人々の心証を悪くした。彼らは美男王フィリップのとびきり重い税に苦しんでいたし，テンプル騎士団が聖地を守りきれなかったことを不満に思っていたのだ。それにしても，次のような驚くべ

⇩テンプル騎士団のパリ本部——聖地を去ったテンプル騎士たちはパリ本部にもどってきた。ここには数度にわたって王家の金庫があずけられた。

き結末を予見させるものは何もなかった。すなわち1307年10月13日の金曜日の明け方，フランス全土のテンプル騎士が，王の命令により一斉逮捕されたのである。

⇧1313年のフィリップ4世の家族――カペー朝は300年の歴史をもつ栄光の王朝だった。フィリップ4世には娘が1人，息子が3人いた。だが息子たちはみな跡継ぎをもたずに，あいついで死ぬことになる。

逮捕

それはまさに「古来まれにみる大がかりな逮捕劇」(レヴィ・ミルポワ）だった。準備はまえもって極秘裡に進められ，1ヵ月前の9月14日，王から各地の国王代官に宛てた封印状が，指定された日に開封せよとの命令とともに送られていた。書状にはつぎのことが厳命されていた。まず，管轄地域のテンプル騎士団支部についてひそかに情報収集を始めること，つぎに「土地の有力貴族」をえらび「宣誓させた上でひそかに仕事の内容をおしえる」こと，そして10月13日に逮捕と財産没収をおこなうことである。

⇧テレビドラマの場面――テンプル騎士団の最期は，小説や演劇やテレビによく取り上げられる。上左は小説『呪われた王たち』を原作とするテレビドラマの場面（王の顧問会議)。中央と右は戯曲『テンプル騎士団裁判』にもとづく映画の場面(テンプル騎士の逮捕と，王に手紙をわたすノガレ)。

王の命令は忠実に果たされたらしい。逮捕のようすはいたる所で同じだった。たとえばシャンパーニュのパイヤン・コマンドリー(騎士団の創立者の領地)では，トロワの代官から委託された貴族が，武装した約40人の男をひきつれて支部に現れ，支部長ポンサール・ド・ジズィを捕らえ，使用人を除くすべての騎士や従士（セルジャン）たちを取り押さえた。パリでは，宰相ギヨーム・ド・ノガレがみずから総長ジャック・ド・モレーを逮捕した。こうして約3千のコマンドリーの騎士たちが，同じ日の同じ時刻に一度に逮捕されたわけで，この事件がいかに周到かつ組織的に準備されていたかがよくわかる。じっさい美男王フィリップは何をおいても立法者だった。彼の側近は，歴代の王をとりまいていたような軍人ではなく，彼から法学士――文字通りには「法学騎士」――の称号を授けられた法学教授だった。その一員であったギヨーム・ド・ノガレとギヨーム・ド・プレジアンが，この事件できわめて重要な役割を演ずることになる。

⇩投獄されるテンプル騎士たち――一斉逮捕がおこなわれた1307年10月13日，美男王フィリップはみずからテンプル騎士団のパリ本部にのりこみ，王家の金庫を取り返すとともに，テンプル騎士団の金庫を奪い取った。

アヴィニョンの教皇

騎士修道会をひとつ潰すという大事業を準備するにあたって，美男王フィリップは，教皇が何ら恐るるにたる存在ではないことをよく知っていた。彼と敵対していたボニファティウス８世は1303年10月11日に死に，跡を継いだベネディクトゥス11世は，ギヨーム・ド・ノガレを異端のかどで破門しようとした矢先に――都合良く――死んでしまった。新教皇の選考会議は11ヵ月にわたった。ボニファティウス８世に味方したオルシーニ家と，敵のコロンナ家が対立するローマを避けて，会議はペルージャでおこなわれ，枢機卿たちはけっきょくボルドー大司教ベルトラン・ド・ゴーを選出した。新教皇はクレメンス５世を名のった（1305年６月５日）。

クレメンス５世は，オルレアンとボローニャでローマ法を学んだ法律家であり，分裂状態のローマに行くのは危険だと考えた。けっきょく彼は南フランスのヴナスク伯領（1274年

から教皇領となっていた）に居を定め，その後70年にわたるアヴィニョン捕囚時代の最初の教皇として，フランスの影響，とくにパリ大学の影響を強く受けることになる。したがってクレメンス５世は，テンプル騎士団を潰してその富を手に入れようという王のたくらみに，正面切って反対できるはずもなかったのである。

(左)クレメンス５世，(中)アヴィニョンの街，(右)大司教時代のクレメンス５世（ベルトラン・ド・ゴー）の印章――1305年，ボルドー大司教から教皇となったクレメンス５世は，しばらくそのままフランスにとどまっていた。けっきょくローマには行かず，1309年，アヴィニョンに定着する。こうして教皇のアヴィニョン時代がはじまった（1378年まで）。クレメンス５世は「病気がちで，いつも自分の健康を気にし，実行力のない頑固」な人物だったという。

❖一斉逮捕（1307年10年13日）から死刑宣告（1314年 3 月18日）まで，最初から仕組まれていた裁判に約 7 年がついやされた。美男王フィリップは狡猾な法律家であり，民衆から教皇まですべての人の意見を（裁判官の意見も）あやつる術に長けていた。 ……………………

第 5 章

テンプル騎士団の最期

⇦焼き殺されるテンプル騎士（14世紀の細密画）

⇨ジゾール城（19世紀の版画）——ジゾール城の廃墟はテンプル騎士団の伝説と結びついている。逮捕の前日，騎士団の財宝がひそかにパリ本部からこの城に運び込まれたというのだ。だがこれは作り話にすぎない。なぜならこの城がテンプル騎士団に属していたのはずっと昔で，それもごく短期間にすぎなかったからだ。しかし彼らが火刑に処されたというのはまぎれもない史実である。

⇧テンプル騎士団のものといわれた小箱の浮き彫り――これらの彫刻は14世紀よりあとの作だが，事件当時の人々も，テンプル騎士団の入会式をほぼこのように思い描いていたことだろう。テンプル騎士たちは「バフォメット」(マホメットのもじり）とよばれる偶像（上はその想像図）を拝み，その彫像で聖別されたひもを身につけているといって非難された。

美男王フィリップは謀略家であると同時に，世論の重要性を十分に心得ていた。

背教，侮辱，猥褻，男色

逮捕の翌日(1307年10月14日)，パリでさっそく声明書が配布された。そこにはテンプル騎士団の背教，イエス・キリストへの侮辱的行為，入会に際してのいかがわしい儀式などが告発されていた。その翌日（15日）には，王の役人とドミニコ会修道士が街にくりだし，驚く民衆にむかって声明書の内容をわかりやすく話してきかせた。16日，王はキリスト教圏のすべての君主と高位聖職者に手紙を送り，テンプル騎士の逮捕を勧めた。しかし好意的な返事は少なかった。美男王フィリップの娘婿であるイングランド王エドワード２世は，ポルトガル，カスティーリャ，アラゴン，シチリアの諸王に熟慮をうながした。けっきょく，テンプル騎士たちはフランス以外では追跡を免れることになる。

拷問による自白

10月19日から11月24日までに，パリとその周辺で138人のテンプル騎士が王の役人のもとに勾留され，異端審問官から尋問をうけた。このときの拷問がもとで36人が死亡した（異

端審問制度は13世紀に確立した。後出の教会裁判とは別系統で，おもにドミニコ会，フランシスコ会の修道士が審問官となった。自白を得るために拷問が多用された)。

フランス巡察使ユーグ・ド・ペローは，テンプル騎士が入会のさい，キリストを３度否認し，十字架に唾を吐きかけていたという罪状を認めた。そのあと，へそに１度，唇に１度，背骨の下部に１度，接吻をうけ，さいごに，男色に身を任すよう命じられる。「騎士は全員このようにして入会したのか」と問われた彼は，最初は否定したが，あとで前言を翻した。

⇩異端審問の拷問――異端審問で重要なのは真実を知ることではなく，告発状を裏づけるために，どんな手段を使ってもよいから罪状をみとめさせることだった。最初に多くのテンプル騎士を死にいたらしめた拷問は，異端審問によるものだった。

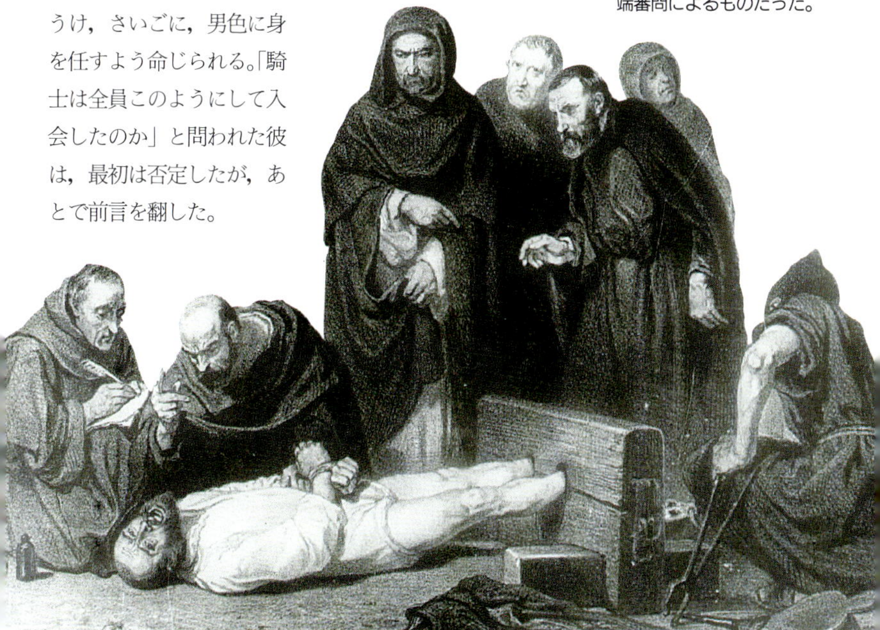

教皇クレメンス５世の反応

一方，教皇は10月17日に枢機卿を招集し，18日には教皇庁のテンプル騎士を呼び出して庇護を保証した。さらに27日，美男王フィリップに手紙を書き，教皇直属の聖職者であるテンプル騎士の逮捕と財産没収を非難した。ところがそれから１ヵ月後（11月22日）に発布した教勅「パストラーリス・プレエミネンティエ」では，王の思わく通り，キリスト教圏のすべての君主にテンプル騎士の逮捕を命じることになる。テンプル騎士自身による自供の内容をみれば，このような手段をとらざるをえないというのだった。教皇は彼らを教会裁判にかけることを約束し，王にテンプル騎士の身柄と財産の引き渡しをもとめた。身柄は引き渡すが財産は渡さない，というのが王の返事だった。1308年２月，テンプル騎士の身柄の移動を間近にひかえて，囚人のあいだに総長の署名入りの回覧板がまわってきた。拷問のもとでなされた自白を取り消すようにという内容である。これで心が決まったのか，教皇はその直後に異端審問官から権力を剥奪した。そして今後はみずからこの事件を取り扱うと宣言したのである。

すると王が反撃に出た。５月にトゥールで三部会をひらき，国民を扇動した。同じ頃，王の顧問である法律家ピエール・デュボアが誹謗文書を流し，罪人を庇うような教皇の態度を非難し，テンプル騎士団の財産に対する執着心をあてこすった。

⇧クレメンス５世に著作をみせるヨハネス・アンドレアエ

⇨カルカッソンヌ国王代官裁判所でおこなわれたテンプル騎士の尋問調書（1307年11月13日）――1307年10月27日，教皇クレメンス５世はフランス王に抗議の手紙を送り，「テンプル騎士たちと騎士団の財産に手をのばした」ことを責めた。じつはこの財産が教皇の一番の関心事だったのだ…

教皇の前のテンプル騎士

６月27日，ポワチエにいたクレメンス５世の前に72人のテンプル騎士が出頭した。供述内容に弁護の余地はなかったが，

多くは従士にすぎず，騎士団を脱会した者も数人まじっていた。教皇は高級幹部の尋問を望んだ。だが王は，彼らが途中で病気になり，シノン城に収容されたと知らせてきた。

教皇は３人の枢機卿をシノン城に遣わした。1308年８月，ギヨーム・ド・ノガレとギヨーム・ド・プレジアンの立ち会いのもとで，総長をふくむ最高幹部の尋問がおこなわれ，先の10月になされた自白は確認された。

クレメンス５世は聖職者委員会をもうけ，各司教区において司教のもとでテンプル騎士を裁かせることにした。ただ，囚人の身柄は事実上そのまま王にあずけられ，委員会には異端審問官も参加することになった（教皇はいったん取り上げた権力を彼らに返した）。

委員会の開会は遅れ，翌年の８月８日からようやくはじまった。原則的には，供述者は被告としてではなく，証人として喚問されるはずだった。だが，自白の撤回は事実上不可能だった。「撤回すれば偽りの宣誓をしたといわれ，再堕落《ルラプス》の罪に問われて火あぶりになる」（ロジェ・セーヴ）からだ。

ジャック・ド・モレーの尋問

総長ジャック・ド・モレーは11月26日に出頭した。彼は，前年８月に枢機卿たちの前でおこなったとされる自分の供述

⇦⇩風刺詩『フォーヴェル物語』の細密画（14世紀）――フォーヴェルは主人公の動物の名前である。この詩は1310年～1314年に宮廷の高官ジェルヴェ・ド・ビュスによって書かれ，美男王フィリップとその寵臣マリニーを風刺した。左と下の絵は「テンプル騎士の過ちと罪に対する聖教会の嘆き」。美男王フィリップも三部会の召集状で同じテーマをとりあげている。その文面はつぎのように偽善に満ちたものだった。「何という苦しみ！何と忌まわしく，情けなく，不幸なテンプル騎士らの変節ぶりであろう。…われわれは信仰の安全とわれらが聖母教会の栄光のために，何としても彼らの恐ろしい犯罪と悪習を根絶せねばならぬ」。

⇧（左）「呪われた王たち」と（右）「テンプル騎士団裁判」――どちらもジャック・ド・モレーの尋問を描いている。左側の写真で，左の人物の役柄は王の財務官アンゲラン・ド・マリニー，右はギヨーム・ド・ノガレ。テンプル騎士を執拗に追求したギヨーム・ド・ノガレは，1306年にフランスではじめてユダヤ人の追放をおこなったときと同じく，この事件でも一貫して美男王フィリップの右腕だった。1309年11月26日，テンプル騎士団総長は王の委員たちの前で明言した。「騎士団が非難されている事柄についてわたしが願っているのは，真実が，その一部をなしている人々の間でだけ知られるのではなく，世界中のすべての王，君主，高位聖職者，公，伯，諸侯の耳に届いてほしいということです」。

を聞かされ，非常に驚いた。ギヨーム・ド・プレジアンが口を挟み，「ゆえなく迷う」ことのないよう警告した。２日後の委員会にはノガレが出席した。総長はテンプル騎士団の祭儀の美しさや，聖地で命がけで戦ったことを想起し，やんわりと抗議するにとどまった。パイヤン・コマンドリー支部長，ポンサール・ド・ジズィは拷問のときに聞いた「もっと痛めつければ，望みどおりのことを言うさ」という言葉を明かして抗議した。テンプル騎士のなかから，騎士団弁護の動きが生まれてきた。

⇦牢獄のジャック・ド・モレー――この絵の作者は，封建時代の建物や衣服について，自分の知っていることをできるだけ忠実に再現しようとしている。ジャック・ド・モレーはシノン城のクドレー塔に閉じこめられていた。この塔は今も残っているが，その内部はここに描かれた広い部屋とはあまり似ていない。のちの審議に影響をあたえ重要な証人となるジャック・ド・モレーは，1309年11月26日に出廷した。翌日，パイヤン・コマンドリーの支部長ポンサール・ド・ジズィが出廷し，熱弁をふるって総長を弁護した。「彼の証言は，法律家たちが織っていた告発という織物の横糸を，一刀のもとに断ち切った」（マリオン・メルヴィル）

火刑

この動きに対して美男王フィリップは，寵臣アンゲラン・ド・マリニーの兄弟でテンプル騎士団の仇敵であるフィリップ・ド・マリニーを，サンスの大司教に指名させた。1310年５月11日，マリニー大司教の主宰で地方公会議がひらかれ，騎士団を弁護していた54人のテンプル騎士に死刑が宣告された。再堕落《ルラプス》の罪により，火刑である。翌日，彼らは無実を叫びながら炎の中で死んでいった。「自白」を翻さなかった者は釈放された。

教皇，テンプル騎士たちを見捨てる

1311年10月16日からヴィエンヌ公会議がはじまった。12月，教皇は公会議に集まった司教たちに４つの問いを投げかけた。

1．テンプル騎士団に弁護人をみとめるべきか。

2．公会議にあらわれた９人のテンプル騎士の希望をいれて，彼らに自己弁護させるべき

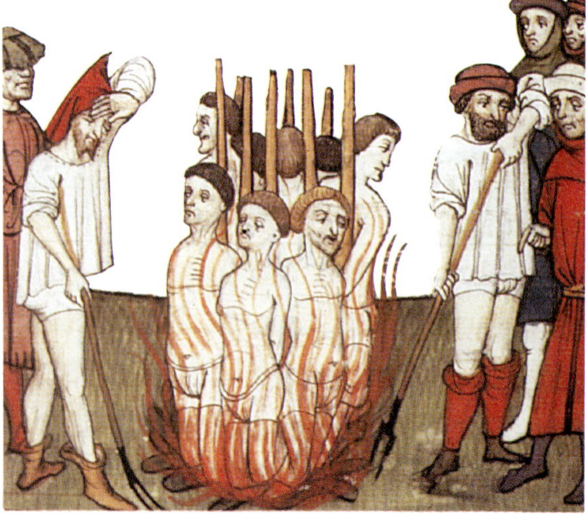

⇦焼き殺されるテンプル騎士たち――拷問のもとでなされた自白を撤回したテンプル騎士は，ただちに「再堕落《ルラプス》」の罪に問われた。火刑に処されるのはこの罪を犯した者だけだった。100年後，ジャンヌ・ダルクも同じ罪名で，同じ刑に服することになる。

⇧ヴィエンヌ公会議――この公会議はテンプル騎士団の運命を決するために召集され，1311年に開催された。フランス王の圧力とは無縁の外国からやってきた司教たちが，テンプル騎士団に対する告発の根拠を問いただし，教皇は彼らの疑問に答えなければならなかった。

か。

3．自己弁護させるべきでないとすれば，騎士たちが相談して代理人を指名するのをゆるしてもよいか。

4．あるいは教皇が職権によって弁護人を指名すべきか。

これに対して「フランス王の顧問会議に属する5，6人を除くすべての」司教が，テンプル騎士に自己弁護させるよう要求した。この答えは教皇を困惑させた。なぜなら教皇は，個々の騎士に救いの手をさしのべることはもはや断念していたからである。しかし財産のことはまだあきらめていなかった。

⇧（上）教皇の勅書（テンプル騎士団の財産を聖ヨハネ騎士団に譲渡することが記されている）。（下）ヴィエンヌ公会議で，教皇クレメンス５世と美男王フィリップの前に出るテンプル騎士。

騎士団の廃絶

1312年３月20日，美男王フィリップが大勢の供をひきつれてヴィエンヌに乗り込んできた。彼はまえもって教皇に手紙を送り，テンプル騎士団を廃絶すること，その財産を別の騎士修道会に移譲することを要求していた。到着の翌々日，クレメンス５世は枢機卿たちとの秘密会議で，ひとことの非難の言葉も発することなく，ただ教勅「ウォクス・イン・エクスケルソ」によって「教会の利益のために」この廃絶処分を是認した。つづいて５月２日に二つめの教勅「アド・プロウィダム」が発布され，テンプル騎士団の財産は聖ヨハネ騎士団にゆずられることが決定した。

最高幹部の判決

あとは最高幹部の運命を決めるだけである。1312年12月22日，クレメンス5世はこの仕事をきわめて王に近い3人の枢機卿に委任した。

パリのノートルダム大聖堂前の広場で，1314年3月18日，最後の一幕が演じられた。総長ジャック・ド・モレー，巡察使ユーグ・ド・ペロー，ノルマンジー管区長ジョフロワ・ド・シャルネー，ポワトゥー＝アキテーヌ管区長ジョフロワ・ド・ゴンヴィルが出廷した。フィリップ・ド・マリニーの同席のもと，3人の枢機卿は彼らに終身刑をいいわたした。

⇩テンプル騎士に対する判決文の朗読――ジャック・ド・モレーに対する判決文の朗読は，一連のテンプル騎士裁判のなかでおそらく最も衝撃的な最後の一幕だった。総長は立ち上がり，テンプル騎士団を犯罪者集団とまでは思わなくても，富ゆえに堕落した傲慢な人々だと思っていた群衆のまえで，騎士団に対するすべての告発に声高く抗議した。

このときジャック・ド・モレーとジョフロワ・ド・シャルネーが立ち上がったのである。驚く群衆のまえで，２人はおごそかに自分たちの無実を主張した。騎士団は神聖である。その規則は神聖で，正しく，普遍的《カトリック》である。自分たちは非難されるべき過ちも異端の罪も犯していない。自分たちが犯した唯一の罪は，命を惜しんで嘘の自白をしたことだけだ，と。

⇩（本頁と次頁）中世の細密画から現代のテレビ番組まで，テンプル騎士の最後をテーマにした図像は膨大な数にのぼる。わたしたちの目がこれらの画面に釘付けになるのは，そこに封建制の最期があらわれているからである。

「点火の作業は，できるかぎり彼らを苦しめるため，ことさらゆっくりとおこなわれた。しかし二人の偉大なテンプル騎士は，炎に包まれてもなお大声で神への信仰心と騎士団の無実を叫びながら死んでいった。パリの群衆は口々に王を呪い，警備の縄を断ち切って火刑台に駆けつけると，熱い灰のなかから我先に遺骨を拾いはじめた。それはまさしく聖遺物だった。今やテンプル騎士団の聖性と高潔さを疑う者はだれ一人いなかったのだから」（ジョルジュ・ボルドノーヴ『テンプル騎士団』1963年）

執達吏が黙らせようと総長の口を打った。２人はただちに「再堕落《ルラプス》」の罪で火刑を宣告された。その日のうちにセーヌ川の小さな中州（今日のシテ島のポンヌフ橋に近い突端）に薪が積まれた。彼らは顔をノートルダム大聖堂のほうに向けさせてほしいと頼んだ。テンプル騎士団では夕べの祈りのとき，ノートルダム大聖堂の方角を向いてこう唱えていたのだ。

「聖母《ノートルダム》はわれらが修道会の始めなりき。聖母《ノートルダム》のうちに，その名誉のうちに，神がそれを望みたもうとき，われらが命の終わりあり，われらが修道会の終わりあり，神の御心のままに」。

テンプル騎士は我らとともにある…。テンプル騎士団は民衆に人気があり，いろいろな意味で関心をもたれている。このことは彼らを扱った出版物の刊行があとを絶たないことからもわかる。次の見開きにあげたのは，ジャック・マルタンとジャン・プレイエによる漫画『テンプル騎士団の秘密』。

準備が整うと，王は待ちかねたように廷臣とすべての役人に，ジャック・ド・モレーとその副官ジョフロワ・ド・シャルネーの死刑執行に立ち会うことを命令した。一方，民衆はセーヌ河岸にひしめき，好奇心を剥き出しにしながら不安そうに見つめていた。

まもなく炎があがり，二人の体に塗られていた樹脂に燃え広がった。そのとき，ジャック・ド・モレーが恐ろしい声でこういったのだ。教皇クレメンスと，王フィリップと，宰相ノガレと，宰相マリニーを神の法廷に呼び出してやる，それもこの年が終わらないうちに，と。

最後の言葉を炎に呑み込まれながら，彼はカペー朝とフランス王国を呪った。美男王フィリップの顔は大理石の像さながら微動だにせず，その目は消えゆく火をひたと見つめていた。まるでそれまでに起きた不吉な出来事の意味を，今になって推し量ろうとするかのようだった。

第 5 章 テンプル騎士団の最期

だが，約１ヶ月後の４月20日，教皇クレメンス５世は激しい苦悶のうちに死んだ。

つぎに，美男王フィリップは，森のもやの中できらめく十字架をつけた不思議な鹿をみかけたあと，体が麻痺して落馬し，数日後に息をひきとった。

そして，冷酷なノガレは11月，悪臭を放つロウソクのそばで失神しているところを発見され，翌日に死んだ。

さいごに，アンゲラン・ド・マリニーは公金横領の罪に問われ，モンフォーコンの絞首台に吊された。総長の恐ろしい予言が現実になったのだ…

テンプル騎士団は潰されたが，完全に滅びたわけではなかった。コマンドリーのなかには恐怖心から誰にも買われなかったものもあり，そういう所では，収入源を失ったかつてのテンプル騎士が，生きのびるために，物色したり掘り返したりしている姿が見かけられた。

このようにあちこちを掘り返している彼らのようすから，隠された財宝の伝説が生まれたのだ。

（注：この漫画にはギヨーム・ド・ノガレが1314年11月に死んだように書かれているが，彼のじっさいの没年は1313年，したがってジャック・ド・モレーの火刑よりまえである。）

⇧カラトラバ騎士団の騎士たち——スペインのテンプル騎士は，騎士団の廃絶後，大部分がほかの騎士団に入会した。そのひとつであるカラトラバ騎士団は，テンプル騎士団からカスティーリャ管区の財産をゆずりうけた。

神話となったテンプル騎士団

フランス国民の意見は裁判のあいだにいくぶん変化していた。ジャック・ド・モレーとジョフロワ・ド・シャルネーの最後の抗議と，勇気ある死は人々の心を打った。だが約1ヶ月後に教皇クレメンス5世が死に，8ヶ月後の11月29日に美

男王フィリップが急死すると（享年47歳），感動は驚愕に変わった。こうして，ジャック・ド・モレーが王と教皇を「半年以内に神の法廷に呼び出してやる」と呪ったという伝説が生まれたのだ。

ヨーロッパのほかの国では，テンプル騎士団に対する美男王フィリップの告発は何の反響も呼ばなかった。だが，ひとたび教皇の解散命令が発せられると，大部分のテンプル騎士はほかの騎士団に入会した。イベリア半島を例にとれば，カラトラバ騎士団や剣の聖ヤコブ騎士団などである。

テンプル騎士団の栄光と悲劇，莫大な富，そのほとんどを取り逃がした美男王フィリップの欲望，死の直前にジャック・ド・モレーがいったという呪いの言葉――これらが合わさり，民衆のあいだにみるみる不吉な伝説ができあがった。

テンプル騎士団パリ本部の建物は19世紀にとり壊された。しかし，史跡の破壊はかえって想像力を刺激した。テンプル騎士団の「財宝」をもとめる人々は今でも神話を根拠としているし，かつてのテンプル騎士団とは似ても似つかぬ怪しげなカルト集団がテンプル騎士団の正当な後継者を自称しているのだ。

⇩アンリ＝ジャン・ボル著『中世の秘密結社，テンプル騎士団』のタイトルページ――18世紀以来（とくに19，20世紀），テンプル騎士団の歴史は，その後継者や末裔を自称する多くの秘密結社やカルト集団に利用されてきた。しかし彼らのほとんどは「キリストの貧しき騎士」によってつくられたこの修道会の本当の歴史を知らず，それをねじまげている。（→P.120）

（次頁）パリのテンプル騎士団本部（19世紀，作者不詳）

資料篇

真実のテンプル騎士団

1 入会の儀式

入会の儀式は，テンプル騎士団の裁判において告発の焦点となった問題である。このとき異端の，いかがわしい行為がおこなわれていたのではないかと疑われたのだ。だが歴史家ジョルジュ・ボルドノーヴによって忠実に再現されたつぎのような美しい描写をよむと，そのような非難は不当であることがわかる。

テンプル騎士団への入会。版画。19世紀。

テンプル騎士団への入会の儀式は，総長の任命式に匹敵するほど感動的である。それは騎士が祭壇の前でひざまずき，手をあわせている『聖杯探求』の挿絵を思い出させる。騎士叙任式と秘儀参入《イニシエーション》を合わせたようなその儀式によって，新しい修道士は新しい世界へといざなわれる。それはより気高い人生であり，彼はそのなかで，過去に犯した罪を贖うことができる。つぎに，少々長くなるが，入会の儀式のもようを逐一書きうつすことをお許しいただきたい。テンプル騎士団の歴史を深く理解するには，詳細を知ることがぜひとも必要だからである。

あるコマンドリーの礼拝堂に，参事会の面々が集まっている。志願者の入会に反対の者はいないか，と支部長《コマンドール》がたずねる。誰も何もいわなければ，支部長は志願者をよびにやり，近くの部屋で待機させる。それから2，3人の賢人衆が志願者のところに行き，入会に先だって何を尋ねられるか，それに何と答えなければならないかを教える。彼らはとくに騎士団の規律が厳しいこと，さまざまな苦難に耐える必要があることをよく言い聞かせなければならない。それでも志願者の決心が変わらなければ，参事会場に入って会見のもようを総長に伝える。すると総長はたずねる。「神の名において，かの者をここに呼ぶことを望まれるか」

参事たちは答える。「神の名において，かの者をここにお呼びください」

そこで志願者が会場につれて来られる。彼は総長（または支部長の前にひざまずき，謙虚にいう。「猊下《げいか》，わたくしは神の御前にまいりました。猊下の前，修道士諸兄の前にまいりました。どうか神の御名によって，また聖母の御名によって，わたくしを仲間に迎え入れてください。永遠にこの館《メゾン》の農奴となり奴隷となることを望む者として，家の善行に加えてください」。［「館」は支部，つまりテンプル騎士たちが祈り，働く場のこと。本文p.33参照。以下も同じ］

支部長はこたえる。「よき兄弟よ，あなたは大変なことを望まれた。なぜならあなたは修道会のうわべしか見ていないからだ。うわべだけ見れば，われわれの立派な馬や美しい服をみて安楽に暮らせると思うかもしれない。だがあなたは内なる厳しい掟を知らない。自分自身の主人であるあなたが，他人の農奴になるのは大変なことだ。実際，あなたは，決して自分のしたいようにすることはできない。海のこちら側にとどまりたいと思っても，海外へ行けと命じられる。アッコンにいたいと思っても，トリポリや，アンティオキアや，アルメニアへ行けと命じられる。あるいはアプリア，シチリア，ロンバルディア，フランス，ブルゴーニュ，イングランド，われわれの館《メゾン》と土地があるところならどこへでも行かされる。眠たいときに起こされ，起きていたいくてもベッドにいって休むよう命じられる。テーブルについてさあ食べようというとき，命令がきて，決められた場所に行かなければならない。しかもそれがどこにあるのかは決して教えてもらえない。叱責の言葉を何度もきかされるだろう。さあ考えるがよい，よき兄弟よ，このような苦しみに耐えられるかどうかを」

そして，このように警告されてもなお新参者が「はい，神の御心のままに，すべてを耐え忍びます」と答えたら，支部長はさらに重ねてつぎのようにのべる。

「よき兄弟よ，館とともにありたいというあなたの願いは，領主権のためでも，富のためでも，あなたの体の安楽のためでも，名誉のためでもあってはならない。それはつぎの3つの事柄のためでなければならない。ひとつは，この世の罪を避け，捨て去るため。つぎに，我らが主に仕えるため。そしてさいごに，この世で貧しく生き，悔悛してあなたの魂を救うためだ。このような目的であなたは館に入りたいと願うのでなければならない」

そして彼はいう。

「あなたはこれから生涯，館の農奴，奴隷であることを望まれるか」

新参修道士はこたえる。

「はい，猊下，神の御心のままに」

「あなたはこれから生涯，自分の意志を捨て，コマンドールの命令にしたがうことを望まれるか」

「はい，猊下，神の御心のままに」

「ここを出て，神があなたに助言してくれるよう祈られよ」

新参修道士が部屋を去ると，支部長はつぎのような言葉で参事たちに語りかける。

「かたがた，ごらんの通り，あの強者《つわもの》は館

とともにあることを強く望み，これから生涯，館の農奴，奴隷でありたいと言っている。またわたしは先ほどあなたがたに，もし彼が正当に修道士となることをさまたげるような事情をご存じなら，手遅れになるまえにそれを言うようお願いした」

彼は質問をくり返す。「神の名において，あの者をここに呼ぶことを望まれるか」。参事たちも同じ答えをくり返す。志願者はもう一度，賢人衆から先刻と同じことを説き聞かされる。それから彼は参事会場に戻って，支部長の前にひざまずき，同じ願いをくり返す。「猊下，わたしは神の御前にまいりました。猊下の前，修道士諸兄の前にまいりました…」。そして支部長がふたたび質問し，未来の修道騎士は「はい，猊下，神の御心のままに」と答える。

すると支部長は参事たちに立って祈るよううながす。それから司祭が聖霊の祈りを唱える。支部長は福音書をひらき，ひざまずいている新参者にそれを手渡しながらこう言う。「よき兄弟よ，先ほど賢人衆があなたに話をして，さまざまなことを質問した。あなたが何と答えたにせよ，それらはむなしい言葉でしかなく，われわれもあなた自身も，そのために大きな損害をこうむることはあるまい。しかしここに我らが主の聖なる御言葉［福音書のこと］がある。これから尋ねることには真実を答えよ。もし虚言をいえば偽りの宣誓をしたことになり，館《メゾン》をも失いかねないからだ。神があなたをお守り下さるように」。

テンプル騎士団への入会。ジェレミー・クロス作『図解テンプル騎士団』。1821年。

支部長は6つの質問をする。

「彼は既婚者か，あるいは婚約中の身ではないか。もし女性からの申し立てがあれば，『大いに恥』をかかせた上で身柄を返すことになるが，そのようなおそれはないか」

「別の騎士団に属していないか」

「返却できない負債を抱えていないか」

「体は健康か」

「テンプル騎士団に入るために誰かを買収していないか」

新参者が騎士を志願している場合は，彼が貴族であるかどうか，つまり「騎士と貴婦人のあいだに生まれた男子」で，騎士の家系の出身で，しかも（「正式な結婚の」）嫡出子であるかどうかが問われる。

従士を志願している場合は，自由民であるかどうか，彼の身柄の返還を要求できるような「誰かに隷属」していないかが問われる。

そして最後の質問が出される。

「彼は司祭，助祭，あるいは副助祭ではないか」

「破門されていないか」

ふたたび支部長は，志願者の答えにはどんなにつまらぬ嘘もまじってはならないことを注意し，こう尋ねる。

「よき兄弟よ，われわれの言葉を聞け。あなたは神と聖母の御名において，生涯，テンプル騎士団総長と，あなたが配属されるコマンドリーの支部長《コマンドール》に服従することを約束するか」

「はい，猊下，神の御心のままに」

「また神と聖母マリアの御名において，生涯，いっさいの私物をもたずに生活することを約束するか」

「はい，猊下，神の御心のままに」

「また神と聖母マリアの御名において，生涯，われらの館《メゾン》に今あり，将来もある良きしきたりと良き習慣を守ることを約束するか」

「はい，猊下，神の御心のままに」

「また神と聖母マリアの御名において，生涯，神があなたにあたえ給うた武力と権力をもちいて，聖地エルサレムの征服をたすけ，キリスト教徒が所有する聖地の防衛と救済をたすけるか」

「はい，猊下，神の御心のままに」

「また神と聖母マリアの御名において，万一この修道会を去って別の修道会に入るようなときは，そちらのほうが強くても弱くても，劣っていても優れていても，かならず総長と修道院の許可をえてからにすることを約束するか」

「はい，猊下，神の御心のままに」

「また神と聖母マリアの御名において，あなたがいる所ではいかなるキリスト教徒も，みだりに，また誤って虐待されることはなく，それがあなたの力やあなたの意見によっておこなわれることもないと約束するか」

「はい，猊下，神の御心のままに」

入会の時がようやくおとずれた。支部長は「慣習律《ルトレ》」に決められたつぎのような文句によって受け入れを宣言する。

「それでは神の御名において，聖母マリアの御名において，我らの父たる使徒（教皇のこと）の名において，そしてテンプル騎士団のすべての兄弟の名において，われわれはあなたを，この館で最初からおこなわれ，最後までおこなわれるであろうすべての善行に迎え入れる。そしてあなたとともに，あなたの父，あなたの母，またあなたが迎えたいと思うあなたの一族すべてを迎え入れる。だからあなたも，これまでおこなってきた，またこれからおこなうであろうすべての善行に，われわれを迎え入れてほしい。そうすればわれわれはあなたにパンと水を約束し，この館の貧しい衣と，十分な苦しみと，十分な仕事を約束しよう」

支部長は騎士団のマントをとり，新参修道士の肩にまわしかけ，首ひもを結んでやる。司祭の修道士が詩篇の一節(「おお，兄弟のように共に暮らすのは何と楽しく，何と愉快なことか。…」[詩編133-1]) を（ラテン語で）朗読し，ふたたび聖霊の祈りを唱える。それから修道士たちがひとりずつ主の祈りを唱える。支部長はひざまずいている新参の修道士を立たせ，当時のしきたりにしたがって「唇に」平和の接吻をあたえる。司祭の修道士も同じようにする。

入会の儀式は終わった。支部長はていねいな物腰で新参者を自分の前にすわらせ，「しずかに」つぎのように述べる。

「よき兄弟よ，我らが主の導きであなたの願いがかない，あなたはこのテンプル騎士団のすばらしき仲間に入ることができた。この上は何があろうとこの仲間を守られよ」

それから彼は，法衣の剝奪や館からの追放といった結果をまねく過ちを数えあげ，今後，彼に課せられる義務を伝え，規則に疑問があったり，規則を知らない場合は，経験のある兄弟にたずねるように勧める。そしてつぎのように締めくくる。

「これであなたがしなければならないこと，してはならないこと，すれば館や衣を失うか，あるいはほかの処罰をうけるおそれのあることはすべて伝えた。だがもし伝えるべきなのに伝えていないことがあれば，尋ねるがよい。それでは神があなたによき言動をあたえられんことを。アーメン」

ジョルジュ・ボルドノーヴ
『テンプル騎士団』
ファイヤール社，1963年

2 生活の規則

テンプル騎士団の会則は，ユーグ・ド・パイヤンが修道会を創立してから10年近くのちに，まずラテン語で作成され，その後，フランス語に翻訳・改変された。聖地でも西欧のコマンドリーでも，騎士たちの生活の枠組みを定める必要があったのだ。

ティベリアスで野営するテンプル騎士団

エルサレム本部

エルサレム本部におけるテンプル騎士たちの暮らしぶりは，聖地のほかのコマンドリーにおける暮らしぶりとほとんど変わりがなかった。決められた時間に祈りをささげ，瞑想にふける修道生活と，武器の手入れや教練などの軍事活動。それはまさに「修道騎士」ならではの生活だった。

「テンプル騎士団［の本部］は，エルサレムの壁と黄金門のあいだにある。敷地は長方形で，長さは矢を力いっぱい飛ばして届く距離より少し長く，幅は石を投げて届くほどの距離である。地面には敷石がしきつめられており，そのためこの広場は〈石畳〉とよばれ，門を入ると左にソロモン神殿があり，そこにテンプル騎士たちが住んでいた」。丘の上の階段をのぼると岩のドームにいたる。騎士たちが自由時間に散策していた主の神殿《テンプルム•ドミニ》である。

テンプル騎士団の本部は街のなかの街，要塞のなかの要塞だった。「［岩のドームから］子午線の方向に，ソロモンが建てたという宮殿［アル＝アクサ・モスク］がある。この宮殿，つまり建造物のなかに，すばらしく大きな厩舎がある。その広いことといったら，馬なら2000頭，ラクダなら1500頭は入るだろう。テンプル騎士団は宮殿の付近に，大きな建物をたくさんもっている。そこには新しい荘厳な教会もあるが，これは私が訪れたときはまだ完成していなかった」〔私とは1175年頃，ヴュルツブルクから巡礼に訪れた司祭ヨハネスのこと〕。テンプル騎士団のほかの教会と同じように，この教会も聖母マリアに捧げられていた。なぜなら「聖母はわれらが修道会の始まりなりき。聖母のうちに，その名誉のうちに，神がそれを望みたもうとき，われらの命の終わりあり，われらが修道会の終わりあり」とうたわれていたからである。この教会は「ラテン人の聖マリア」教会とよばれ，「聖マリア大」教会や「聖マリア小」教会，あるいはユダヤ人地区の「聖マグダラのマリア」教会と区別されていた。

食堂（ユダヤ人はいつまでもこれを《宮殿》とよんでいた）は，列柱のある丸天井の大広間で，壁には戦利品の武器や武具が飾られていた。敵から奪った剣，金銀の線模様を象嵌した兜，模様の描かれた盾，金色の鎖かたびらなどである（教会にも同様のものが飾られていた）。盾持ち《エキュイエ》が壁に沿ってテーブルをならべ，食事時になると布のテーブルクロスをかける。早く来た者から順に壁に背を向けてすわり，遅く来た者はその向かいにすわる。総長と騎士団付き司祭だけは席が決まっていた。石畳の床にはほかの城と同じように葦がまかれ，テンプル騎士たちがどんなに追い払っても，テーブルの下にはかならず犬が——猫も——寝そべっていた。もっとも，食べ残しは貧者に施すことが決まっており，犬や猫にやることは禁じられていた。

ヴュルツブルクのヨハネスによると「テンプル騎士団はキリスト教徒と貧者に十分施し物をあたえてはいるが，聖ヨハネ騎士団とくらべるとその量は10分の１にも満たない」。とはいえ，テンプル騎士団の施し物は多く，そのやり方も貴族らしく上品だった。「しかも修道士たちは，館《メゾン》の食事に肉やチーズがでたときは，大きな塊を細かく切り分け，美味しい部分はなるべくそのまま残すようにいわれている。…このように決

められたのは，貧を恥じている者，つまり施しを受けるによりふさわしい貧者が，うけとって恥ずかしいと思わないですむようにするためである」。テンプル騎士は高慢だとよく非難されたものだが，貧を恥じている者に対するこの心遣いは，多くの欠点を帳消しにするのではないだろうか。

残り物の量は多く，２人の修道上が残したもので２人の乞食が満腹するほどだったが，それとは別に，本部と各支部で毎日４人（総長が食事をするところでは５人）の貧者に食事がふるまわれた。修道士が一人死ぬと，その後40日間は一人の乞食が故人の分の食事を食べてよいことになっていた。また総長に《神の命令が下った》ときは，100人の貧者に一週間,昼食と夕食がふるまわれた。

テンプル騎士の服装（版画。19世紀）

あらゆる階層の人が大勢，食事をしにやってきた。総長に招かれた「館《メゾン》の大切な友人」や高位の代官だけでなく，ふつうの騎士の友人や，従士の友人さえそこで食事をとることができた。客はそれぞれ分相応の席に，つまり騎士なら騎士のいるところ，兵士なら従士のいるところに案内された。

宮殿と教会のあいだには修道騎士の宿舎があった。どの宿舎も廊下にそって個室がならび，各部屋には椅子か腰掛けがひとつ，長持ちがひとつ，寝台がひとつ置いてあった。寝台には藁マット，枕，シーツ，掛け布，そして「誰かくれる人がいれば」ベッドカバーや《カルピット》[縞目の厚手の布。カーペットの語源］がついていた。従士の宿舎にはおそらく個室はなかったとおもわれる。どの宿舎も教会に通じており，修道士たちは毎晩そこに降りていき，朝課を歌った。教会の近くには病人のための看護施設や,支部長や高位の代官の館《メゾン》もあった。

少し離れたところには兵部長《マレシャル》が管理する武器庫があり，武器や武具や「小さな馬具」がきちんと並べられていた。武器庫のなかには，鎖かたびらや兜をつくる大きな鍛冶場，蹄鉄工場《こうば》，鞍や轡《くつわ》や手綱などの馬具をつくる工場《こうば》も設けられていた。

「布倉」や「縫殿」もあった。前者は騎士たちの衣服に使う布の倉庫で，褐色の粗い毛織物，ビロード，東洋の薄い亜麻布，エジプトの亜麻布などがしまってあった。後者は騎士たちの衣服を縫う工房である。どちらも，靴やベルトや剣吊紐をつくる革製品工房とともに，騎士団の被服長に管理されていた。

大膳長の監督領域には，厨房，酒蔵，パン焼きかまどが含まれていた。かまどのそばではパン作りの修道士たちが一日中パンをこねていた（このため彼らと鍛冶場の修道士たちは，午後の聖務を免除されていた）。大膳長は豚小屋，家禽小屋，菜園なども管理していた。菜園ではレンズ豆，そら豆，キャベツ，にんにく，玉葱などが栽培されていた。

岩盤にくりぬかれた大きな地下室もあり，麦や秣《まぐさ》が貯蔵されていた。

岩を掘ってつくった深い貯水槽は，浴槽や，家畜の水飲み場として使われた。牛小屋と羊小屋は街の外につくられた。また，キャラバン用の馬を育てる牧場も街の外にあった（キャラバンは駄獣と乗り換え用の馬からなる）。

これらの雑務がおこなわれていたのは，ひとえに修道会を運営するため，つまり約300人の騎士と大勢の従士からなる騎士団の軍事力を維持するためである。騎士は鎖かたびらの上に上着を着て，その上からフードのついた白いマントをはおった。ほかの者は黒いマントだった。褐色のマントを着るのは期限付きで騎士団に加入している在俗の騎士にかぎられていた。そして全員が胸と背に大きな赤い十字をつけていた。

マリオン・メルヴィル
『テンプル騎士の生活』
ガリマール社，1974年

会則

テンプル騎士団の会則は，ユーグ・ド・パイヤンによる騎士修道会の創立から10年近くのちに制定された。その内容は一見して聖ベルナールの影響が顕著であり，修道士としての禁欲，総長への絶対的服従，および各人の義務を基礎として，騎士たちの生活を規定している。

最初の会則は72条からなっている。これにはラテン語版とフランス語版がある。ラテン語会則の内容はトロワ公会議で討議され，書記の聖職者ジャン・ミシェルが条文化した。フランス語会則が作成されたのはそのあとである。会則を定めるにあたってどのような討議がたたかわされたかはわかっていない。おそらくここでも数々の障害を取り除くのに，聖ベルナールの権威がものをいったことだろう。その後，騎士団が強大化してその特権が増すにつれて会則を補う必要が生じ，教皇の教勅が発布され，

「慣習律《ルトレ》」も定められた。しかし，最初の会則そのものが揺らぐことはなかった。それは美しく，気高く，敬虔な戒めの言葉ではじまる。

「みずからの意志にしたがうことを蔑み，純な心をもって至高の王に騎士として仕えることを欲し，あくまでも服従という気高い鎧を身につけたいと一心に願うすべての者に告ぐ。これまで世俗の騎士であった汝らは，イエス・キリストとはかかわりがなく，ただ人間的な好意から騎士としての務めをはたしてきたにすぎない。だがこののちは，神によって罪深き人類から選ばれ，そのありがたき憐れみによって聖教会の防衛をまかせられた人々のあとに続き，ただちに彼らに合流して永遠にその仲間とならねばならぬ。」[訳注：よびかけの主体は公会議に集まった高位聖職者たち]

それから少しあとにつぎのような言葉がくる。「聖都エルサレムから友人たちを率いて，はるばる辺境のフランスとブルゴーニュへやってきた者は，主なる神と救い主イエス・キリストに対して善行をなした。この者たちはわれわれのため，真の信仰を広げるために，たえずみずからの魂を犠牲にして神にささげている」

第1条から第8条までは，上の戒め以外は，公会議の記録からなっている。

第9条から第16条までは，テンプル騎士の大切な義務（シトー会の影響がみとめられる）が細かく規定されており，つぎのように要約できる。

⇧テンプル騎士団に会則を授ける聖ベルナール（版画。19世紀）――じっさいには聖ベルナールは会則のヒントをあたえだけである。

――修道騎士は毎日ミサを聞かなければならない。なぜなら「神の体に満腹し，主の司令に陶酔した礼拝のあとは，何人も戦いに行くことを恐れず，命を捧げる覚悟ができる」からだ。万一「館《メゾン》や東方キリスト教会の任務のために」ミサを聞くことができないときは，主の祈りを，朝課のときに13回，各時課ごとに7回，晩課のときに9回唱えなければならない。

──「精神をためして，神からきているかどうかを知りなさい」という聖パウロの言葉にしたがい，修道騎士は修練士（誓願前の新参者）に試験期間を強制しなければならない。また修練士は，総長と参事会にみとめられなければ騎士団には入れない。

──第11条には入会の原則がしるされている。入会の儀式の内容は「慣習律《ルトレ》」に定められる。

──修道騎士は破門された騎士と親しくしてはならない。

──子どもはテンプル騎士団に入会できない。戦える年齢になるまで待つほうがよいし，早すぎる入会は後悔のもとだからである。

第17条から第23条までは，おもに身なりについての決まりで，興味深く，また貴重な情報源となっている。

──衣服は無地で，色は白か，黒か，褐色でなければならない。だが公会議により，騎士には「白のマント」がゆるされている（これが彼らの制服である)。白のマントは彼らが神のもとに帰ってきたことのしるしなのだ。白は純潔のしるしであり，純潔とは「心の平静，体の健康」を意味する。衣服は簡素でなければならず，毛皮を身につけてはならない。羊毛からつくった毛織物だけはゆるされる。もし見栄や欲のために華美な服を要求する者があれば，その者にはもっとも粗末な服があたえられる。騎士は，新しい服が支給されるときは，古い服を従士や盾持ち，できれば貧者にゆずらなければならない。先が尖って反った靴（これは当時の流行だった）を履いてはならない。要するに修道士には「必要最低限以上のもの」はいっさい認められない。

──しかしオリエントの酷暑を考慮して，復活祭から万聖節までは，平織りの亜麻布を着用してもよい。

──おのおのに寝台，枕，マット，シーツ，掛け布があたえられる。シャツと股引（帯で締める）をつけて寝ること。宿舎には夜のあいだ灯火がともされる。

──髪は短く切り，あごひげと口ひげはのばす。

第23条から第30条までは，食事についての決まりである。

──食事は仲間とともに，一皿を二人で分けあって食べなければならない。よからぬことを話さぬように沈黙をまもること。昼食と夕食のときは，食事中ずっと聖書が朗読される。

──肉を食べるのは一週間に3回で十分である。肉を食べすぎると「体が蝕まれる」からだ。しかし日曜日には倍量の肉がでる。ただし従士と盾持ちはいつもの量で満足しなければならない。月曜日と水曜日と土曜日は，二，三種類の野菜料理のなかから一種類を選ぶ。万聖節から復活祭まで，定められた祭日を除き，毎週金曜日には「イエス・キリストの受難を想って」断食をおこなう。病人やけが人はその限りではない。

──食前と食後は，教会が近ければ教会で，さもなければ自分のいる場所で神に感謝をささげる。

──皿の残り物，および残ったパンの10分の1は，貧者に分けあたえること。

──「日が暮れ，夜がきて」，鐘の音または呼び声がきこえたら終課にいくが，そのまえに軽食をとる。軽食には総長の判断で，適量の葡萄酒がでることもある。

　このあと（第31条から第44条まで）会則は修道生活を規定する。あらためて沈黙の必要性が強調される。終課のあとはすみやかに寝所に行かなければならない。盾持ちに指示をあたえる必要があるときは手短にすること。総長と古参の騎士たちは，騎士団のことで重要な問題が残っているときは話し合ってもよいが，「死と生は舌の支配下にある」ことを忘れてはならない。疲労困憊している修道士は，総長が同意すれば朝課に出なくてもよいが，そのかわり寝台で主の祈りを13回唱えなければならない。何人も過度の斎戒は慎まなければならず（なにぶん彼らは戦士なのだから！），互いに助け合わなければならない。

　総長の権力は絶対といってよい。ただ，騎士修道会全体にかかわる重要な決定をくだすときは，参事を集めて意見をきくべきである。しかし修道士たちは総長に服従しなければならない。総長に対して怒ることは神に対して怒ることに等しい。同様に彼らは「夜，聖墳墓に赴く場合を除き」，総長の許可なしにエルサレムの街中に出てはいけないし，出るときは二人ずつでなければならない。「何人も自分の意志で戦ったり休んだりしてはならない。戦いも，休息も，総長に命ぜられるままにしなければならない。総長に服従するのはつぎに引用するイエス・キリストの言葉にしたがうためである。『わたしが来たのは自分の意志を実現するためではなく，わたしを遣わした方の意志を実現するためである』」

　それゆえ彼らは総長の同意なしに贈り物を受けとってはならず，総長の同意なしに鍵付きの長持ちを所持してはならず，自分宛の手紙を読んでもならない。

　第45条から第50条までは，あやまちについての規則が定められている。

──もしあやまちが軽く，一度きりのものなら，罰は軽くてすむ。もしそれが重いか，習慣性のものなら，修道士仲間から排除される。つまり，総長と参事会の判断を待つあいだ，仲間と同じテーブルで飲み食いすることは禁じられる。

──もっと重大なあやまちを犯したときは，「悪い羊」として騎士団から追放される。

──悪口をいったり誹謗中傷したりしてはならない。人のあやまちを知ったときは，個人的に罰するか，必要なら第三者に知らせる。あやまちを犯した者が頑固にそれを認めない場合は，参事会の前で告発すること。

──何人も，かつて俗世で弱さや無謀さから犯した悪事や，情事の経験を吹聴してはならない。

──何人もほかの修道士の馬や武器を欲し

聖地のテンプル騎士たち（版画。19世紀）

がってはならない。自分のもので不足な場合は，率直に総長に申し出ること。

第51条からあとは，雑多な事柄が順不同にしるされている。

——騎士はそれぞれ3頭の馬と1人の盾持ちをもつ。この盾持ちが骨身を惜しまず，まじめに仕えている場合，修道士は何があっても彼を殴打してはならない。

——武器は服と同じく簡素にすべきである。轡《くつわ》や鐙《あぶみ》や拍車を金銀で飾ってはならない。もし金銀の武器が贈られたら，上から塗料をぬって隠すこと。

——修道士はライオン以外のけものを狩ってはならない。

——騎士団は土地を所有し，農奴と自由民の主人になることができる。また教会の収入［10分の1税］の一部を受けとることができる（この措置には反対意見もあったと思われる）。

——年老いて体が弱った修道士をうやまい，いたわること。

——修道士が「逝去」したときは，その魂が安らかに眠れるように荘厳ミサを歌うこと。仲間は主の祈りを7日間にわたって100回となえ，40日間，一人の貧者に食事をあたえる。もしこれが期限付きの騎士ならば，主の祈りは30回，貧者に食事をあたえる期間は7日間でよい。

——騎士として期限付きで加入した者には，「もし彼が望めば」，馬の代金の半分が支払われる。

——盾持ちや従士として期限付きの加入を

希望する者は，あとで気が変わらないようにするため，保証金を支払わなければならない。
——既婚者はテンプル騎士団の「協力者」になることができる。彼が死んだとき，その財産の半分は騎士団のものとなり，残りの半分は未亡人にわたされて，その「暮らしを支える」。
——修道士は代父になることはできない。代父や代母をもつこともできない。
——そして最後にもっとも有名で，のちに騎士団を辛辣な批判にさらすことになる規則がしるされている。「危険なのは女性とともにいることである。なぜなら悪魔が昔，それを利用して天国へのまっすぐな道を曲げたから」。したがって騎士団の支部にはいかなる女性も入れてはならない。「女性の顔を見すぎることはいかなる修道会にとっても危険であると信じる」。よって接吻は，たとえ相手が母であろうと，姉妹や叔母であろうと，これを固く禁ずる。

ジョルジュ・ボルドノーヴ
『テンプル騎士団』
ファイヤール社，1963年

2つの会則

テンプル騎士団の一つめの会則は，1128年のトロワ公会議の審議をへて制定された。これはラテン語で書かれ，書いたのはおそらくエルサレムの総大司教，エチエンヌ・ド・シャルトルだろうといわれている。［訳注：公会議の内容を書記のジャン・ミシェルがまとめ，それをもとにエチエンヌ・ド・シャルトルが最終的な形にととのえた。］これが最も古い会則である。その後，1140年頃に，若干の変更をふくむフランス語版があらわれた。フランス語版では総長の権力が明確に規定され，強調されている。すなわち「本会則にしるされた命令はすべて総長の意志と考えのもとにある」。修道士は総長に「絶対服従」しなければならず，総長に命じられたことを「即刻」遂行しなければならず，「大きな街へ行くにも小さな町へ行くにも」総長の許可をえなければならない。総長は顧問会議に意見を求めることができる。顧問会議を構成するのは，賢明なことで一目置かれている参事会の修道士たちである。とくに騎士団全体にかかわる決定をくだすときは，すべての参事を集めなければならない。…

ラテン語で書かれた最初の会則と，フランス語会則との違いを指摘しておかなければならない。ラテン語会則によれば，騎士を志願する者は「修練期間」，つまり試験期間をへなければならない。その長さは「総長が入会志願者の生活態度をみながら慎重に判断」して決める。ところがこの大事な試験にかんする条項が，フランス語版では削除されているのである。

もうひとつ重要な違いは，ラテン語版第12条のつぎのような文章に関係している。「破門されていない騎士の会合があることを耳にしたら，彼らがこの世で役に立つからというより，彼らの魂を永遠に救済するためにそこに行くことを命ずる」。これがフランス語版の第12条になると,「破門された騎士について」というタイトルのもとに，つぎのような文章が記されている。「破門された騎士の会合があることを知ったら，そこに行くことを命ずる。そしてもし，騎士団の海外支部に行って加わりたいという者がいれば，さっそく彼らをこの世で役立て，彼らの魂を永遠に救済すべきである」。この違いは重大である。２つのテクストは根本的に矛盾しているのだ。そして，テクストにおけるこの矛盾は，現実におけるやはり重大な矛盾と相呼応しているように思われる。というのは，破門された修道士が騎士団に入会した例が，じっさいにいくつか知られているのである。1175年，ローマ教皇アレクサンデル３世は，このことでテンプル騎士団（とイングランドの聖ヨハネ騎士団）を激しく叱責した。叱責のもうひとつの理由は，騎士団が，自分たちの墓地にある聖職者の墓を破門者にあたえたことである。これは教会の規則に反していた。このような不正行為は，テンプル騎士団では12世紀から日常茶飯事になっていた。そう考えれば，騎士団がときにジェラール・ド・リドフォール――エルサレムが陥落したのは彼の責任といってよい――のような疑わしい人物を総長に戴いたのも，それほどふしぎなことではない。

レジーヌ・ペルヌー
『テンプル騎士団』
PUF,《クセジュ文庫》
1974年

3 聖ヨハネ騎士団とドイツ騎士団

聖ヨハネ騎士団は正式名を「エルサレム聖ヨハネ救護修道会」といい，テンプル騎士団より6年ほど前，1113年に発足した。巡礼者を守るという任務はテンプル騎士団と同じだが，それに加えて彼らは，病気や傷害で弱った巡礼者の世話もおこなっていた。一方，1198年に結成されたドイツ騎士団は，ドイツ皇帝に仕える，より戦闘的な修道会だった。テンプル騎士団を含むこれらの騎士団は，たがいによく似た会則にしたがいながら，聖地の統治者への支援においてしばしば対立した。

聖地に救護施設が設けられたのは，十字軍遠征が始まるよりずっと昔のことである。それらはもともと修道士たちがつくった宿泊所であり，中東にやってきた巡礼者に宿を提供するのが唯一の目的だった。なかでも設備のよさや規模の大きさで知られていたのが聖ヨハネ救護院である。この救護院はイスラム教徒によるたびたびの収奪や掠奪にも負けず，ゴドフロワ・ド・ブイヨンがエルサレムに到着するまでもちこたえた。十字軍がエルサレムを奪ったころ，救護院を統率していたのは福者ジェラールという人物で，その出身地はフランスともアマルフィともいわれている［アマルフィはイタリア半島南部の港町。中世に交易都市として栄えた］。アマルフィの紋章に，聖ヨハネ騎士団の先割れ十字が描かれているのは興味深い。聖ヨハネ救護院は，多大な寄進にうるおい，ゴドフロワ・ド・ブイヨンから励ましと支援をうけて，ジェラールのもとで急成長し，ジェラールから会則と法衣をあたえられた。その意味で，彼こそ聖ヨハネ騎士団（といってもその頃はまだ「武装化」されていなかったが）の真の生みの親といってよい。ジェラールが死ぬと，あとを継いだレーモン・デュ・ピュイは，修道会の従来の清貧，貞操，服従という三つの誓願に加え，武器を手に聖地を防衛するという新しい任務をかかげた。このときから，救護修道士たちは「エルサレム聖ヨハネ騎士」を名乗るようになる。聖ヨハネ騎士団はテンプル騎士団と同じように急速に多く

王と話しあう聖ヨハネ騎士。『狐物語』より。

の所領を獲得し，やがてヨーロッパの領地はいくつかの管区に分けられた。聖ヨハネ騎士団はテンプル騎士団ときわめてよく似ている。(聖地の防衛に大きく貢献したこと，エルサレム王の側近としての役割，王国の政治に対する影響力の大きさ，イスラム教徒に対する態度，軍事施設を建設して〈たとえば有名なクラック・デ・シュヴァリエ〉その維持と防衛につとめたことなど)。両騎士団がときに激しく対立したのも，彼らがあまりにも似ていることのあらわれで，互いに相手に対して優越感をもっていたからに違いない。しかし運の良いことに，聖ヨハネ騎士団はテンプル騎士団ほどアッコンの陥落に打撃を受けなかった。キプロス島に莫大な富をたくわえていた彼らは，この島を拠点として異教徒に対する戦いをつづけることができた。1309年にはロードス島を奪い，「ロードス騎士団」の名のもとに1522年までもちこたえた。この年，トルコ軍に攻撃された大総長ヴィリエ・ド・リラダンの勇敢な戦いぶりは有名である。けっきょく島を追われた彼らは，永住地をもとめてさまよった末に，神聖ローマ皇帝カール5世からマルタ島をあたえられ(1530年)，「マルタ騎士団」を名乗ってここを難攻不落の要塞に変えた。…

一方，ドイツ騎士団は，あるドイツ人商人とその妻がエルサレムに建てた聖マリア病院を起源とし，聖ヨハネ，テンプル両騎士団と同じような道をたどって発展した。やがて修道騎士となった彼らは，テンプル騎士団をまねて同様の会則を採用する(1198年)。とはいえ，テンプル騎士団のような国際主義は排し，もっぱらドイツ的な理想を追いもとめた。それを考えに入れれば，ホーエンシュタウフェン家の神聖ローマ皇帝フリードリヒ２世が聖地にきたときの彼らのふるまいも理解できる。じつをいうと彼らはひそかにテンプル騎士団と聖ヨハネ騎士団の影響力にゆさぶりをかけようと狙っていたらしい。ドイツ騎士団は，シリアのフランク王国が陥落したあと，まずヴェネツィア，ついでマールブルクに本拠地を移し，帯剣騎士団の協力をえてプロイセンに広大な領地を獲得した。帯剣騎士団は，ラトビアのリガにつくられた司教区を守るため，テンプル騎士団の組織をまねて，1202年に結成された。のちにドイツ騎士団と合併した。

ジョルジュ・ボルドノーヴ
『テンプル騎士団』

4 根強い神話

テンプル騎士団についてはありとあらゆることがいわれ，事実無根の噂がまことしやかにささやかれてきた。ジャック・ド・モレーの死に引き続き，フランス王と教皇があいついで死んで以来，とくにフリーメーソンのような結社が次々と生まれた18世紀以降，騎士団の神話はふくらむばかりである。ジャック・ド・モレーの呪いと隠された財宝も，何かと話題にのぼる。今日でも多くの団体がテンプル騎士団の後継者を自称している。そしてその中には，数年前に世間を騒がせた太陽神殿《テンプル》教団のようなカルト集団もふくまれているのである。

火あぶりにされるテンプル騎士。版画。19世紀。

考えてみればテンプル騎士団の事件は，教皇ボニファチウス８世の事件[注1]やトロワ司教ギシャール事件[注2]，また王の嫁たちの事件[注3]とくらべて，告発の内容がより下品だったわけでも，とった方法がより乱暴だったわけでもない。ただその規模の大きさ，犠牲者の人数と顔ぶれが，反響をいっそう大きくしたのだろう。そしておそらく，ひとつの修道会がそこまで堕落していた，それほど忌まわしいことをおこなっていたという衝撃が，キリスト教世界全体を震撼させたにちがいない。たしかに他国に設置された教皇の委員会のもとには，フランスのテンプル騎士に対して挙げられたような告発事項は少しも集まらなかった。ただ一人，イングランドのテンプル騎士が背教を告発されただけである。しかし，テンプル騎士団を守るべき教皇がそれを廃絶したという事実そのものが，疑惑の根拠となり，そこに想像力が働いたのだろうと思われる。

想像力は働きつづけて今日に至っている。その結果，古代のものから低俗なものまで，ありとあらゆる秘教，錬金術やら魔術やらの雑多な知識，かつておこなわれた，またこれから行われるであろう秘儀参入や入会の儀式などが，山と積まれたとんでもない証拠とやらを介して，ことごとくテンプル騎士団と結びつけられた。これらの「秘密」はどれも人間の本性と密接に結びついた深い欲望に根ざしており，ある種の本能的な復讐によって，あらゆる神秘が追い払われたように見える時代になるとその存在を主

⇧テンプル騎士の作とみられるシノン城クドレー塔の落書き。

張する。たとえば，魔女裁判がふえたのはデカルトの時代であり，フリーメーソンが誕生したのは合理主義に傾倒した18世紀の初めだった。科学の時代といわれるこの20世紀にも，やはりカルト集団がはびこり，占星術や心霊術といったオカルティズムが息を吹きかえしている。

テンプル騎士団には，こうした時代に人々の心を強く惹きつけるものがすべてそなわっていた。そこにはちょうど——といってもごく素朴な意味でだが——ボーイスカウト運動にヒントをあたえたラドヤード・キプリングの著作とおなじように，組織のモデルまで示されていた。こうして，14世紀に誕生したと思われる同業職人組合が，テンプル騎士団の「秘密」を援用することになる。現代でも，いわゆる「歴史」を扱ったシリーズ本や雑誌のたぐいが無数にあり，テンプル騎士団の秘密についての啞然とするような作り話が，ピラミッドの秘密といったたぐいの話とともにおどろおどろしく書かれている。そこには鉄仮面から，モンセギュールに隠されたカタリ派の財宝にいたるまで，現代の神話を特徴づけるものがすべてとりあげられている。そして，科学が進歩した今日に生きているとは思えないほど信じやすい民衆が，まやかしと，教条主義と，感動的なまでの善意とをごちゃまぜにしたそれらの記述にやすやすと騙されているのである。

たとえば1972年には，シノン城の塔でテンプル騎士の落書きが「発見される」という事件が起きた。諸般の情況を考えあわせると，この「発見」者がうそ偽りをいっているのでないことは確かだった。だが歴史学では，うそ偽りをいっていないから史実として認める，というわけにはいかない。それよりこの人はいくらか古文書学の知識を身につけたほうが良かっただろう。そうすればクルドレー塔の崩れかけたやわらかい石灰壁に見つけたと思った文字が，テンプル騎士がそこに幽閉されていた14世紀初頭に刻まれたはずがないことに気づいたはずである。かなり前に，同じ塔でやはり落書きが発見され，こちらは十中八九，幽閉されていたテンプル騎士のものであることがわかっていただけに，なぜこのような誤りが起きたのか，ふしぎに思う。テンプル騎士のものであることがわかっている文字と，そうかもしれない文字を見比べただけで，誤りは容易に避けられたはずだ。「主よ，おゆるし下さい」という美しい文句，十字架，石に刻まれたさまざまな人物――これらはたしかに美男王フィリップ時代の囚人が選びそうなモチーフではある。しかし，だからといってヘルメス主義[注4]やらつまらぬ秘教やらをひっぱりだして，その意味を探る必要などありはしない。どの牢獄の壁にも，正方形や長方形や星といった単純な図形から，もっと込み入った浮き彫りまで，似たようなものはきっと見つかるのであり，そこに魔術だの，錬金術だの，ヘルメス主義だののメッセージを読みとる必要などありはしないのだ！

もしそういうものに秘密の力があるなら，なぜテンプル騎士たちはそれを利用しなかったのだろう？　哀れにも彼らは死に追いつめられ，薪の上で身の潔白を叫ぶことしかできなかったのである。

それはそれとして，テンプル騎士が残した落書きはたしかに興味深く，多くの場合，いわれなき告発を受けた囚人の心性を明らかにするのに役立っている。たとえば，P.M.トネリエ氏によってペリゴール地方のドンム塔に発見された落書きがそれで，復讐の文句（クレメンスはテンプル騎士団の破壊者なり），非常に美しい磔刑図，黙示録の天使の絵などを通して，運命の不正を告発し，苦しみにあえぐテンプル騎士たちの叫び声がきこえてくる。

それこそが歴史なのだ。昨今は考古学に対する関心が高まっているから，でたらめな「秘密」や，ありもしない「宝」のかわりに，きっと本当にテンプル騎士が残した絵や文字がもっとたくさん見つかるだろう。歴史学で本当に重要なのは，そのような発

見で貢献することである。情熱のある研究者なら，それこそが発見すべき「宝」であることがすぐにわかるはずだ。そのためには騎士たちの監禁場所や，あるいはたんに騎士団の遺構が残る無数のコマンドリーで，体系的な調査をおこなわなければならない。

そうした研究はすでにはじまっているし，いくつかの地方では成果もあがっている。これをつづけていけば，テンプル騎士団事件のまだ闇に包まれている部分もいつかはすっかり解明されるにちがいない。

（注1） 7年にわたる教皇との確執の末，美男王フィリップがノガレをイタリアに送り，1303年9月7日，アナーニに滞在していた教皇を襲撃させた事件。ノガレらは教皇

火刑台に連れて行かれるジャック・ド・モレー。1847年。

⇧フリーメーソンの参入儀礼の一環として，反省の小部屋で遺言をしたためる新参者。

を監禁し，教皇冠や法衣をむしりとるなどの侮辱を加え，退位を迫ったという。ボニファチウス8世は2日後に救出されたが，約1ヵ月後に死亡した。

（注2）1305年に死亡したフランス王妃の遺領をめぐり，トロワ司教ギシャールが魔法を使って王妃を呪い殺したとして1308年に告発され，異端裁判にかけられた事件。

（注3）王の3人の息子のうち，長男と三男の嫁が宮廷の騎士兄弟と姦通し，発覚して逮捕された事件。1314年4月，姦通の相手は公衆の面前で惨殺された。一方，嫁たちは髪を短く切られ，粗末な服を着せられた上で，黒い覆いをかけた荷車に乗せられ

て牢獄に送られたという。

（注４）西洋のオカルティズムの源流。ヘルメスの名は，古代エジプトのトト神のギリシア名，ヘルメス・トリスメギストスに由来する。

レジーヌ・ペルヌー
『テンプル騎士団』
PUF《クセジュ》

ネオ・テンプル騎士

ある言い伝えによると，ジャック・ド・モレーは騎士団の滅亡を予期して，これを存続させるための対策を講じていたという。甥のボージュー伯に，テンプル騎士団の秘密と形見と宝物を託したというのだ。いやはや，このテンプル騎士団の財宝から，なんと突飛な話が生まれ，受け継がれてきたことか！　いわく，ボージューはテンプル騎士団の生き残りを集め，大総長に選ばれた。彼の死後は，スコットランドに逃れていたテンプル騎士のオーモンがあとを継いだ。その後も同じようなことがくり返され，テンプル騎士団の総長は何世紀にもわたってとぎれずに続いている，云々…。こんな言い伝えも役には立つもので，フリーメーソンのほか，秘密であるとないとにかかわらず，いくつかの結社がこの話を下敷きに使っている。

マイケル・ラムゼー（1686-1743）という人は，フランスにフリーメーソン（スコットランド儀式派）を広めた人物だが，彼はこの運動をテンプル騎士団と結びつけながらも，その起源をもっと昔に求めていた。彼の説によると，テンプル騎士はすでにフリーメーソンの会員だったという。フリーメーソンの真の生みの親は十字軍の参加者であり，フリーメーソンが騎士団のような軍事的・宗教的組織をなしていたというのだ。この点に関して，彼の「歓迎の辞」はきわめて明快である（「歓迎の辞」は新入会員に向けた祝辞で，18世紀，フランスのフリーメーソンに大きな影響をあたえた。今でもフリーメーソンの基本的文書となっている）。

「キリスト教世界のあらゆる地域から集聖地に集まった十字軍の人々は，あらゆる国の人間をただひとつの友愛団にまとめたいと願いました。卑しい私欲もなく，物質的な支配欲にも耳を傾けず，ひたすら精神と心を集めてそれらを高め，ゆくゆくは精神的な国家をつくることだけを目標に，ひとつの組織を構想したこれらのすぐれた人々に，わたしたちは多大な恩義をこうむっております。…彼らはたんに建築家として才能と財産を注ぎこみ，外国に神殿を建てようとしただけではありません。祈り，戦う諸侯として，天上の神殿を照らし，築き，守ることを願ったのです」。

1754年，ボンヌヴィル勲功爵がラムゼーの構想をうけつぎ，当時まだ存続していたスコットランド儀式派の「クレルモン参事会」を創設した。

1760年には，フォン・フント男爵（1722-

1776)が「クレルモン参事会」を離れ，「テンプル厳修派」を結成した。

その著作『厳修派について』のなかで，男爵はフリーメーソンの起源をつぎのようにのべている。すなわち，テンプル騎士たちが逮捕されたあと，オーヴェルニュ管区長ピエール・オーモンはスコットランドに逃れ，そこでほかの逃亡騎士たちと合流した。彼らは参事会をつくり，オーモンが大総長にえらばれた。追っ手の目をくらますため，全員が石工《メーソン》の格好をした，というのである。

フォン・フント男爵のあとを継いだのはブランシュヴァイク公爵で，彼は「テンプル原始会則派」という名称を「修正スコットランド儀式派」に変えた。その位階の上のほうには「テンプル騎士」というのがあり(今もある)，エクエス(Eques)，ソキウス(Socius),アルミゲル(Armiger)の三つに分かれていた。

ほかの会派はテンプル騎士団起源説からはきっぱりと離れたが，それでもフリーメーソンは全体として，今でもテンプル騎士団に対してある種の親近感を抱いている。それもそのはず，テンプル騎士団は異端審問と絶対王政という，フリーメーソンが最も憎んでいるものに滅ぼされたのだ！　時代とともに移り変わる情況と語法に応じて分枝・修正されてきたテンプル騎士団の精神が，いくつかのロッジ［同じ儀式派に属する会員の地域団体］で維持されていることは否定できない。だがそれを受け継いでいるのは一握りの高位の会員だけであり，彼らもまたテンプル騎士たちのように地球規模の共和国を夢見，全きコスモポリタニズムと人類のよりよき未来を夢見てはいるが，その深遠な思想，表現法，内なる情熱には，どうしようもなく神秘主義的なところがある。

このことは，たとえばアメリカ合衆国のジャック・ド・モレー協会のように，テンプル騎士団との関係を無邪気に掲げている団体にも当てはまる。

なかでも目を引くのは，第1帝政時代にベルナール・ファブレ＝パラプラ(1773-1838)がつくった団体である。ファブレ＝パラプラはジャック・ド・モレーの正統な後継者を名乗り，それを証明するために大総長の「系図」をつくりあげた。そこにはデュ・ゲラクラン，シャボー，デュラス，コンデ，コンティ，コッセ＝ブリサックといった輝かしい名前がならび［いずれも歴史上の有名人物］，最後は当然ながら彼の名でおわっている。ナポレオンは一時，彼を支援したが，それはおそらくこの団体が大きくなれば利用価値があると考えたからだろう。ナポレオンの許可のもとに，ファブレ＝パラプラは1808年，ジャック・ド・モレーの命日に盛大なセレモニーを組織し，騎士たちにテンプル騎士の白い制服を着せ，房飾り付き帯と金をはめ込んだ革の襷《たすき》をつけさせ，頭には当時流行していた羽根飾り付きの帽子をかぶらせた。そして彼自身はといえば，テンプル騎士団の十字を載せた地球の模型をつつましやかに持っていたのである。こんな仮装行列に未来はなかった。それでも彼の事業を成功させるためにすべてが利用された。公権力もこれを支援し，多大な費用を払って『テンプル騎士団の手引き』を出版した。わたしはこの小冊子を一部，手にとって見たことがある。そこには騎士団の歴史年表，最高幹部のリスト，新しい会則が載っていた。立派な称号も多数ならんでいた。大将，最高師範，大元帥，地方総督…。地球全体がファブレ＝パラプラによって架空の管区に分けられ，彼のご機嫌をとり結べば，韃靼《だったん》＝モスクワ管区や朝鮮管区，あるいはザングバル管区のヒアキントス＝ヘンリー修道士になることができた。だがこの「テンプル騎士団事件」には（それはたしかに事件，しかも立派な事件だった），笑ってすまされない側面があった。会則の第49条にはつぎのように書かれている。「いかなる騎士も，その任務と特典が何であれ，騎士団に対する義務を果たされない者は，理由の如何にかかわらず，上述の手続による裁判をへて，騎士たる名誉を剝奪される…」。たしかに，こんな事を言うのは「礼儀」知らずかもしれない。だがファブレ＝パラプラは，極上のベラム紙に美しい書体で麗々しく書かれた称号を，騎士団の十字の印で封緘までして売りつけていたのである…。

ジョルジュ・ボルドノーヴ
『テンプル騎士団』

「太陽神殿」について

このタイトルで思いだすのは，1994年10月にスイスとカナダで起こった忌まわしい事件である。フリブール州（スイス）のシェリーで農家が火事になり，焼け跡から30人ほどの遺体がみつかったのだ。ヴァレ州のサルヴァンでも同様の焼死体がみつかり，同じ頃，これらと連動して，モントリオール市近郊のモラン・ハイツでも２人の人間が死んだ。どれも情況は同じで，集団自殺につづいて火が放たれていた。全員が「太陽神殿教団」という名のカルト集団に属し，このような形で集団自殺を決行したのだった。[「神殿教団」に相当するフランス語は「テンプル騎士団」とも読める。]

じっさい今日では，美男王フィリップに追いつめられ1312年にクレメンス５世に廃絶させられたテンプル騎士団の継承者を名乗るカルト集団は，世界中に100ほどあるという。それをおもうと現代人の心の健康に一抹の不安をおぼえる。彼らの数がわずかであればよいのだが。

ところで，テンプル騎士団の歴史から生まれたこのような過ちの起源はかなり昔にさかのぼる。そもそも，フランスにおけるテンプル騎士の逮捕と裁判の状況からみて，民衆が動揺するのは当然であり，根も葉もない噂が生じないほうがおかしかった。騎士たちに対する告発は，善良な庶民の心をかき乱すのにもっとも適した内容が故意にえらばれ，広められていた。キリスト教へ

太陽神殿教団のメンバーが集団自殺した農家の焼け跡。

の冒瀆，侮辱，いかがわしい儀式，男色のような隠れた悪習——淫らな想像力から生まれうるありとあらゆる悪徳が，美男王フィリップの役人によって，意図的にか，単におもしろがってか，大量にばらまかれ，あちこちで人々を驚かせ，呆れさせ，ありとあらゆる流言飛語をうみだした。これはまえに教皇ボニファチウス8世に対して使われた手法であり，このあとも，最後は王自身の嫁たちとその姦通相手といわれた宮廷騎士たちを犠牲にするまで，王が起こしたさまざまな裁判の場面でくり返し使われたやり方だった。この方法はとてもうまくいっていた。もしジャック・ド・モレーとジョフロワ・ド・シャルネーの威厳ある告白と勇気ある死がなかったら，使われたプロパガンダはきわめて巧妙かつ効果的にはたらいたはずである。

そのあとすぐクレメンス５世が死に，テンプル騎士団の消滅から数ヶ月後に王が死んで，人々は衝撃を受けた。どちらも「神の法廷」に呼び出されたのではないのか？加えて，天災が襲ってきた――1315年から1316年までの２年間，雨が降り続き，かつてない飢饉が３年つづいた上に，グリーンランド（緑の大地）を万年雪に埋もれさせることになる北極の氷河の南下によって，大きな気候変化が起こり，広い範囲で平均気温が下がったのだ。こうした条件のもとで虚弱になり老いやすくなった人々は，容易に病にたおれ，つぎつぎに死んでいった。そして1348年には，ついに黒死病《ペスト》という，前例のない災厄に見舞われることになる。

世界はかつてのような安定性を失ってしまった。そしてテンプル騎士団消滅の逸話は封建時代の終わりを告げていた。こうして人々の心のなかで「幸福な聖王ルイの時代」が，まるで黄金時代のような輝きを帯びはじめた。いや，じっさい，戦争と飢饉と疫病がつづいた14，15世紀とくらべれば，そのころは本当に黄金時代といってよかったのである。

おそらくこのために，テンプル騎士団の消滅が――その名の古さと神秘性から喚起されるものとともに――なにか謎を解く鍵のようにみなされるようになったのだろう。というのは，12世紀に生まれた「テンプル騎士団」は，1000年以上昔に消滅したソロモン神殿と否応なくむすびつけられ，「キリストの貧しい騎士たち」がエルサレム王の意向にしたがってその神殿跡に居を定めたことが，何かの因縁のように思えたからである。

こうしてみると，巡礼者と聖都をまもるために生涯を捧げた騎士たちがこれほど長く人気を保っているのは，彼らに対する――ただし歴史学とはまったく無関係な――死後のオマージュのようなものと考えてよいのではないかと思う。

レジーヌ・ペルヌー

テンプル騎士団年表

年	事　項
1095	教皇ウルバヌス2世，クレルモン公会議で十字軍遠征を勧説
1096	第1回十字軍遠征出発
1098	シトー修道会発足
1099	十字軍，エルサレム奪取
1110	ゴドフロワ・ド・ブイヨンの死
	ボードワン1世，エルサレム王即位
1113	聖ヨハネ騎士団創立
1118	ボードワン2世，エルサレム王
	ユーグ・ド・パイヤン，貧しきキリストの騎士修道会を創立
1119	騎士たち，エルサレムの王宮に迎えられる
1127	ユーグ・ド・パイヤン，5人の騎士とともにヨーロッパに渡る
1128	トロワ公会議。テンプル騎士団の公認と「ラテン語会則」の起草。
1136	ユーグ・ド・パイヤンの死
1138	テコアの戦い（聖地における最初の対トルコ戦）
1139	教皇インノケンチウス2世の教勅（テンプル騎士団の諸特権の原点）
1143	ボードワン3世，エルサレム王即位。ドイツ騎士団の前身生まれる。
1144	エデッサ陥落
1147	聖ベルナール，十字軍を勧説
1147	テンプル騎士団参事総会。教皇エウゲニウス3世も出席。
1147	第2回十字軍遠征（ルイ7世，コンラート3世）
1153	アスカロン包囲戦
1162	アモリー1世，エルサレム王即位
1165	テンプル騎士団の慣例集「黙想」成立
1168	テンプル騎士団，アモリー王のエジプト遠征への協力を拒否
1169	サラディン，エジプトの宰相となる
1174	ボードワン4世，エルサレム王即位。
	サラディン，シリアで覇権を握る。

1177	モンジザールの戦い
1184	ジェラール・ド・リドフォール，テンプル騎士団第11代総長就任
1185	ギー・ド・リュジニャン，エルサレム王即位
1187	ハッティンの戦い。サラディン，エルサレム占領 テンプル騎士団，トルトーザに避難。
1191	第3回十字軍遠征（フィリップ尊厳王，リチャード獅子心王）
1193	サラディンの死
1193〜1120頃	テンプル騎士団，アッコンを拠点とし，アトリット岬に巡礼城を築く。
1198	ドイツ騎士団創立
1204	第4回十字軍遠征（コンスタンチノープル攻撃）
1217	第5回十字軍遠征（エジプト攻撃）
1219	十字軍，ダミエッタ占領
1220	モンゴル軍の西進
1221	十字軍降伏
1228	第6回十字軍（破門皇帝フリードリヒ2世）
1229	ヤッファ協定（エルサレム，10年の期限付きで返還）
3.18	フリードリヒ2世，エルサレム王戴冠式（テンプル，聖ヨハネ両騎士団は席を拒否）
5	フリードリヒ2世，聖地を去る。
1244	十字軍，エルサレムを失う。
1248	第7回十字軍遠征（聖王ルイ）
1250	聖王ルイ，ダミエッタで捕虜となり，20万リーヴルの身代金とひきかえに解放される。
1254	聖王ルイの帰国
1265〜1268	十字軍，沿岸部に残っていた重要な拠点を失う（カエサレア，サフェト，ヤッファ，ボーフォール，アンティオキアなど）。
1273	ギヨーム・ド・ボージュー，テンプル騎士団第21代総長就任。
1278	イスラム側と10年の休戦協定
1285	美男王フィリップ，フランス王即位。
1291.4〜5	アッコン包囲戦
5.28	アッコン陥落

	十字軍，聖地より撤退。
1292	テンプル騎士団の生き残り，フランスへ帰国。
1295	ジャック・ド・モレー，テンプル騎士団第23代総長就任。
1302	クルトレーの敗戦
1303	アナーニ事件（ノガレによる教皇ボニファチウス８世の襲撃）
	教皇ボニファチウス８世の死
1305	ボルドー大司教ベルトラン・ド・ゴー，教皇に指名される。
	教皇クレメンス５世の即位式
1306	美男王フィリップ，ユダヤ人の財産を没収。
	平価切り下げに反対する民衆の一揆。国王，テンプル騎士団パリ本部に避難。
1307.10.13	フランスのテンプル騎士の一斉逮捕。
10.14	国王の声明書配布。
10.15	国民に事件を公表。
10.16	他国の君主へ同調をよびかける手紙を発送。
10.17	教皇クレメンス５世，枢機卿を召集
10.25	ジャック・ド・モレーの自白
10.27	教皇から王へ非難の手紙
11.9	巡察使ユーグ・ド・ペローへの尋問
11.22	テンプル騎士の逮捕を命ずる教皇の大勅書
12	美男王フィリップ，テンプル騎士の身柄を教皇のもとに移すことに同意。
1308.2	クレメンス５世，異端審問官の権力を剥奪。
3.25	美男王フィリップ，三部会の召集状を発送。
5.11	トゥールで三部会開始。
5.26	美男王フィリップ，ポワチエにクレメンス５世を訪問し，テンプル騎士団を断罪するよう圧力をかける。
6.27〜7.1	72人のテンプル騎士，教皇の前に出頭。
8.17〜20	シノン城において，総長をはじめとするテンプル騎士団の最高幹部への尋問。
1309.8.8	司教区調査委員会の開始。
11.26	ジャック・ド・モレーの出頭。

1310.2〜3	騎士団弁護を望む騎士が増加し，弁護が組織化される。
5.10	美男王フィリップ，フィリップ・ド・マリニーをサンスの大司教に指名する。
5.11	54人のテンプル騎士，「再堕落」のかどで火刑を宣告される。
1311.10.16	ヴィエンヌ公会議はじまる。
1312.3.20	美男王フィリップ，ヴィエンヌ入り。
3.22	教皇，大勅書でテンプル騎士団の廃絶を宣言。
5.2	同じく大勅書により，テンプル騎士団の財産を聖ヨハネ騎士団にゆずることが決定。
12.22	教皇，テンプル騎士団最高幹部の訴訟に関する一切の権限を３人の枢機卿に託す。
1313.4	ギヨーム・ド・ノガレの死
12	ギヨーム・ド・プレジアンの死
1314.3.18	最高幹部の判決発表。ジャック・ド・モレーとジョフロワ・ド・シャルネーの抗議。２人の火刑。
4.20	教皇クレメンス５世の死
11.29	美男王フィリップの死

INDEX

あ▼

アヴィニョン捕囚 78・79
アウグスチヌス会則 23
アスカロン包囲戦 50・54
アッコン 58・62・65・67・69・73
アトリット 44・60
アブドル・マリク 23
アモリー王 55
アラゴン 82
アリエノール・ダキテーヌ 50・51
アル＝アシュラフ 67
アルヴィル 39
アル＝カーミル 60
アル＝ハーキム 18・19
アルモウロル（城塞） 43
アレッポ 55
アンゲラン・ド・マリニー 87・91
アンドレ・ド・モンバール
イタリア 67
異端審問 82・83・84・86
岩のドーム 19・23・32
イングランド 59・82
隠者ピエール 20・21
インノケンティウス2世 70
ヴィエンヌ公会議 90・91
ヴェネツィア 66
ウマイア朝 23
ウルバヌス2世 16・21
エウゲニス3世 50・53
エヴラール・デ・バール 51・53
エジプト 18・55・60・61・65・
エチエンヌ・ドトリクール 72
エデッサ 50
エドワード2世 82
エルサレム 15・16・17・18・19・20・21・22・23・28・32・36・44・49・56・58・61・62・64
エルサレム王国 32・46・49・50・54・55・57・60
オスマントルコ 65

か▼

カエサレア 66
ガザ 44・54・55・58
カスティーリャ 82・98
カラトラバ騎士団 98・99
ガリラヤ 44
カール大帝 18・51
ギー・ド・リュジニャン 56・57・58
キプロス 70
ギヨーム・ド・ソンナック 65
ギヨーム・ド・ティール 55
ギヨーム・ド・ノガレ 76・77・78・86・87
ギヨーム・ド・プレジアン 77・86・87
ギヨーム・ド・ボージュー 67・70
グアルディム・パイス 43
クラック・デ・シュヴァリエ 45・66
グレゴリウス9世 49
クレメンス5世 79・84・92・93・98
クレルモン公会議 21
ゴドフロワ・ド・サントメール 21
ゴドフロワ・ド・ブイヨン 15・21・22
コマンドリー 31・33・34・35・36・39・42・46・53・70・76・77
コンスタンチノープル 50・60
コンラート3世 50・54

さ▼

ササン朝ペルシア 18
サフェト 44・54・66
サラディン

INDEX

44・55・57・58・59・60
サルラ（死者の塔） 37
三部会 84・86
サン＝フレーズ礼拝堂 35
サン・ベウィニャーテ教会 41
シエナ 74
ジェノヴァ 66・74
ジェラール・ド・リドフォール 56・58・59
ジゾール城 81
シチリア 21・82
シトー会 24・25・27・31・46・70
シドン 67
シノン城 86・89
ジャック・ド・モレー 67・69・70・71・77・86・89・93・94・98・99
ジャン・ド・ヴィリエ 67
ジャン・ド・ブリエンヌ 60
ジャンヌ・ダルク 90
シャンパーニュ 24・76
十字軍
　第1回 15・16・20
　第2回 50・53・54
　第3回 59・74
　第4回 60
　第5回 60
　第6回 61
　第7回 72
巡礼城 44・60
シリア 18・31・55
ジルベール・エライユ 29・60
ジョアンヴィル 72・73
ジョフロア・ド・ゴンヴィル 93
ジョフロア・ド・シャルネー 93・94・99
神聖ローマ帝国 50・61
スペイン 42・53・98
聖遺物箱 73
聖杯 72
聖ヒエロニムス 16
聖墳墓 16・18・36・56・62
聖ベルナール 21・24・27・50
聖ヨハネ騎士団 55・62・64・65・66・67・70・92・117–119
聖レミギウス 72
セルジューク朝トルコ 19・50・54・58・64
ソロモンの神殿 23・36

た▼

ダマスクス 51・55・66
ダミエッタ 60・65
タンプル塔 36
チボー・ゴーダン 70
ティベリアス 57
ティルス 67
テコア 50
テンプル教会（ロンドン） 31・36
ドイツ騎士団 61・62・63・117–119
トゥール 84
トマール 43
トルトーザ 44・67
トロワ公会議 24・27

な▼

ナポレオン 65

は▼

バイバルス 66
白城 31・44・45・66
ハッティンの戦い 44・57・58
パリ 50・75・77・81・99
パレスチナ 16・18・62
ピウス5世 27
ピサ 66・74
ビザンツ帝国 18・19・20・50・55・74
ファーティマ朝 18
フィリップ・ド・マリニー

INDEX

90・94
フィリップ2世（尊厳王） 59・74
フィリップ4世（美男王） 69・75・76・77・78・81・82・84・86・87・90・92・98
フェルディナンド3世
フランス 21・43・50・53・59・79・82・91・98
フランス語会則 28・115–116
フリードリヒ2世 61・62・65
フールク・ダンジュー 21
プレイエ，ジャン 96–97
ベツレヘム 17
ベネディクトゥス11世 78
ペラギウス 60
ベラクルス教会 42
ペルージャ 41・78
ベルトラン・ド・ブランクフォール 55
ベルナール・ド・トレムレー 54
ヘルマン・フォン・ザルツァ 62
ヘンリー2世 72
ボーサン 29
ボードワン1世 22
ボードワン2世 15・22
ボードワン3世 50・54
ボードワン4世 55・56
ボニファティウス8世
ホノリウス2世 23・27
ポルトガル 42・43・82
ボルドノーヴ，ジョルジュ 94・102–106・110–115・117–119
ポワチエ 84
ポンサール・ド・ジズィ 77・87・89

ま▼

マジケントの戦い 19
マヌエル・コムネノス 50
マムルーク朝 66・67
マルグリット・ド・プロヴァンス 44・65・
マルタ騎士団
マルタン，ジャック 96–97
マンスーラ 65
メッス（礼拝堂） 37・41
メルヴィル，マリオン 61・89・107–110
黙想 28・32
モンゴル 66
モンジザールの戦い 55

や▼

ヤッファ 66
ヤッファ協定 61
ユーグ・ド・シャンパーニュ 21
ユーグ・ド・パイヤン 22・27
ユーグ・ド・ペロー 29・75・93

ら▼

ライオン狩り 41
ラテン語会則 25・115–116
ラ・クヴェルトワラード 41
ラン 41
ランディ（大市） 74
リチャード1世
ルイ7世 50・51・54
ルイ9世（聖王） 44・64・65・66・72
ルノー・ド・ヴィシエ 66
レーモン3世 56・57・58
レーモン・ド・サン＝ジル 21
ロードス島 70
ロベール・ダルトワ 65
ロベール・ド・サブレ 59・60
ロベール・ド・フランドル 21
ローマ 78・79

出典(図版)

【口絵】

5～11◉テンプル騎士団が勝った1163年のボケーの戦い。壁画。12世紀。クレサック，テンプル騎士団の礼拝堂。

13◉サン・ベヴィニャーテ教会の壁画。ペルージャ。イタリア。

【第1章】

14◉テンプル騎士。油彩画。ヴィルヘルム・フォン・シャドウ作。1832年。国立美術館。ポーゼン。

15◉エルサレムの地図。ラテン語写本。フランス国立図書館。パリ。

16～17◉聖地へ向かう騎士たち。壁画。13世紀。

17上◉ローマからエルサレムへ移住する聖ヒエロニムス。細密画『聖ヒエロニムスの生涯』より。禿頭王シャルル(843-879)の聖書所収。フランス国立図書館。パリ。

18◉聖墳墓の円堂に詣でる巡礼者たち。15世紀の写本の細密画。同上。

18～19下◉エルサレム襲撃の準備をする十字軍の人々。細密画。同上。

19上◉アナトリアで略奪をはたらくトルコ人。細密画。同上。

20～21◉兵士を配置する隠者ピエール。細密画。アルスナル図書館。パリ。

20下◉エルサレムの襲撃。

21下◉ユーグ・ド・パイヤン。油彩画。アンリ・レーマン作。19世紀。ヴェルサイユ博物館。

22◉聖地のテンプル騎士。細密画。アッシュモールの写本。ボードレアン図書館。オックスフォード。

23◉エルサレム市街とソロモンの神殿。版画。17世紀。フランス国立図書館。パリ。

24上◉クレルヴォーの聖ベルナール。細密画。ジャン・フーケ作『エティエンヌ・シュヴァリエの時祷書』。コンデ博物館。シャンティイ。

24中◉白の法衣をまとったテンプル騎士。版画。ジャック・シャルル・バール作『衣服』。1778年。同上。

24下◉戦闘服のテンプル騎士たち。版画。同上。

25上◉ラテン語会則の冒頭。13世紀。フランス国立図書館; パリ。

25下◉騎士団の盾持ち（または従士）。版画。ジャック・シャルル・バール作『衣服』。1778年。同上。

26～27◉『1128年のトロワ公会議でテンプル騎士修道会を公認する教皇ホノリウス2世』油彩画。マリウス・グラネ作。19世紀。ヴェルサイユ博物館。

28◉フランス語会則の冒頭。フランス国立図書館。パリ。

29上◉テンプル騎士と幟。壁画。サン・ベヴィニャーテ教会。ペルージャ。イタリア。

29下◉テンプル騎士団の印章。国立古文書館。パリ。

【第2章】

30◉サフィタ城の塔。シリア。写真。

31◉テンプル騎士の墓。彫刻。テンプル教会。ロンドン。

32,33上◉テンプル騎士。細密画。アッシュモールの写本。ボードレアン図書館。オックスフォード。

32～33◉ラ・クヴェルトワラードのコマンドリー。アヴェロン県。写真。

34上◉テンプル騎士団の礼拝堂。クロミエ。セーヌ＝エ＝マルヌ県。写真。

34下◉聖母子像。かつてのソース・コマンドリーより出土。イヨンヌ県。写真。

35上◉マルタ騎士団のコマンドリーの柱頭彫刻。ドローム県。

35下左◉水さしと壷。テンプル騎士団の礼拝堂と墓地から出土。フルシュ＝アン＝ガティネ。

35下右◉聖水盤。スロメ礼拝堂。ロット県。

36◉ロンドンのテンプル教会。写真。

37上左◉ノーザンプトンの聖墳墓教会の内部。写真。

37上右◉メッスの礼拝堂の内部。モーゼル県。写真。

38～39◉アルヴィルのコマ

出典(図版)

ンドリー。ロワール＝エ＝シェール県。航空写真。
40◉サン・ベヴィニャーテ教会のフレスコ画。ペルージャ。イタリア。
41上◉ラ・クヴェルトワラード・コマンドリーの教会。アヴェロン県。写真。
41中◉メッスの礼拝堂。モーゼル県。写真。
41下◉ランの礼拝堂。エーヌ県。写真。
42上◉ベラクルス教会の内部。写真。セゴビア。スペイン。
42〜43下◉ベラクルス教会。写真。同上。
43上◉キリスト修道院。写真。トマル。ポルトガル。
43下◉アルモウロルの城砦。写真。ポルトガル。
44上◉巡礼城の廃墟。写真。アトリット。イスラエル。
44下◉トルトーザの大聖堂正面。写真。シリア。
45◉白城の塔の内部。写真。
46上◉農作業。サン・マルタン教会の壁画。14世紀。サルジェ＝シュル＝ブレー。ロワール＝エ＝シェール県。
46左◉修道服姿のテンプル騎士。版画。ジャック・シャルル・バール作『衣服』。1778年。
46〜47◉パリのタンプル塔。版画。シャスティヨン作。フランス国立図書館。パリ。
47◉園芸。細密画。ピエトロ・デ・クレッシェンツィ著『田園の利益』の翻訳本。15世紀。アルスナル図書館。パリ。

【第3章】

48◉要塞を襲う十字軍。油彩画。アンリ・ドゥケーヌ作。19世紀。ヴェルサイユ博物館。
49◉戦闘服のテンプル騎士。版画。ピエール・デュピュイ著『テンプル騎士団の歴史』(1751年)。フランス国立図書館。パリ。
50◉コンラート3世の署名。ベルリン古文書館。
50下◉コンラート3世。版画。19世紀。
50〜51◉ヴェズレーの丘のルイ7世。細密画。セバスチャン・マムロ著『海外の軌跡』。15世紀。フランス国立図書館。パリ。
51◉川を渡るテンプル騎士たち。版画。C. アディソン著『テンプル騎士団』。1876年。
52〜53◉1147年のテンプル騎士団の参事総会。油彩画。マリウス・グラネ作。19世紀。ヴェルサイユ博物館。
54◉アスカロンの包囲。細密画。セバスチャン・マムロ著『海外の軌跡』。15世紀。フランス国立図書館。パリ。
55◉全盛期のラテン国家。パトリック・メリエンヌ作。
56上◉ギー・ド・リュジニャンとトリポリ伯レーモン3世の和解。セバスチャン・マムロ著『海外の軌跡』。
56〜57◉戦うテンプル騎士。ルスティシャン・ド・ピーズ著『メリアドゥス物語』。13世紀。フランス国立図書館。パリ。
57◉ハッティンの戦い。細密画。セバスチャン・マムロ著『海外の軌跡』。
58◉サラディンのエルサレム攻略。細密画。ダヴィッド・オベール著『簡略年代記』。15世紀。アルスナル図書館。パリ。
58〜59下◉フィリップ尊厳王とリチャード獅子心王の会見。版画。
59上◉アッコンの街。版画。ジャコモ・ボシオ著『エルサレム騎士団物語』。1629年。フランス国立図書館。パリ。
60◉ダミエッタの戦い。細密画。フランス国立図書館。パリ。
61上，下◉フリードリヒ2世の十字軍遠征。細密画。サン・マルコ図書館。ヴェネツィア。
62◉自分で自分に戴冠するフリードリヒ2世。版画。19世紀。
63◉フリードリヒ2世の戴冠に立ち会うヘルマン・フォン・ザルツァ。油彩画。カール・ヴィルヘルム・ヴァッハ作。19世紀。
64上◉ドイツ騎士団の騎士。細密画。マネッセ写本。ハイデルベルク大学附属図書

出典（図版）

館。
64下◉聖ヨハネ騎士団の印章。1356年。国立古文書館。パリ。
65◉聖ヨハネ，テンプル両騎士団の融合を勧める狐のルナール。細密画。ジャックマール・ジュレ著『新狐物語』。フランス国立図書館。パリ。
66上◉囚われの聖王ルイ。ペレスク収集『聖ルイの生涯のための覚え書き』。アンガンベルティーヌ図書館。カルパントラ。
66〜67◉ジャック・ド・モレーとテンプル騎士の襲撃。油彩画。クロード・ジャッカン作。ヴェルサイユ城。

【第4章】

68◉ジャック・ド・モレー。版画。ピエール・ザッコーヌ作。1847年。フランス国立図書館。パリ。
69◉美男王フィリップ4世の印。1286年。国立古文書館。パリ。
70〜71上◉ジャック・ド・モレーの入会。油彩画。マリウス・グラネ作。19世紀。カルヴェ博物館。アヴィニョン。
70〜71下◉トロワ伯アンリによるプロヴァンの城館の寄進証書。冒頭。国立古文書館。パリ。
72上◉ヘンリー2世から宝をうけとるテンプル，聖ヨハネ両騎士たち。細密画。『ゴドフロア・ド・ブイヨン物語』。フランス国立図書館。パリ。
72下◉聖レミギウスのものといわれる聖杯。13世紀末。ノートルダム大聖堂。ランス。
73上◉アラゴン家のコンスタンサの宝冠。13世紀。大聖堂宝物。パレルモ。
73下◉聖遺物箱。ムーズ様式金細工。13世紀。ウンテルリンデン美術館。コルマール。
74◉ランディの大市。細密画。『サンス司教用定式書』。14世紀。フランス国立図書館。パリ。
74〜75◉テンプル騎士団のパリ本部。版画。19世紀。
76上◉1313年のフィリップ4世の家族。細密画。フランス国立図書館。パリ。
76下左◉王室顧問会議。モーリス・ドリュオンの小説にもとづくテレビドラマ『呪われた王たち』。写真。
76下中◉テンプル騎士の逮捕。ギー・ヴァサールの戯曲にもとづく映画『テンプル騎士団裁判』。写真。
76下右◉王に手紙をわたすノガレ。同上。
77◉投獄されるテンプル騎士たち。細密画。『フランス年代記』。14世紀。ブリティッシュ・ライブラリー。ロンドン。
78◉教皇クレメンス5世。細密画。14世紀。フランス国立図書館。パリ。
78〜79◉アヴィニョンの街と教皇庁。ピエール・サルモン作。1409年。フランス国立図書館。パリ。
79◉ベルトラン・ド・ゴーの印章。1305年。国立古文書館。パリ。

【第5章】

80◉焼き殺されるテンプル騎士。細密画。『フランス年代記』。14世紀。ブリティッシュ・ライブラリー。ロンドン。
81◉ジゾール城。版画。19世紀。装飾美術図書館。パリ。
82〜83上◉テンプル騎士団のものといわれた小箱の浮き彫り。ミニャール著『ブラカス公爵の小箱』。1852年。フランス国立図書館。パリ。
83下◉異端審問による拷問。版画。ロベール・フルリー作。1841年。
84〜85◉クレメンス5世に調書をみせるジャン・アンドレ。細密画。16世紀。アミアン市立図書館。
85◉カルカッソンヌ国王代官裁判所でおこなわれたテンプル騎士の尋問調書。1307年11月13日。国立古文書館。パリ。
86◉テンプル騎士の過ちと罪に対する聖教会の嘆き。細密画。ジェルヴェ・ド・ビュス著『フォーヴェル物語』。14世紀。フランス国立図書館。パリ。
86〜87下◉同上。
87上左◉ギヨーム・ド・ノガレとアンゲラン・ド・マリニー。テレビドラマ『呪われた王たち』。
87上右◉ジャック・ド・モレーの逮捕。映画『テンプル騎士団裁判』。
88〜89◉牢獄のジャック・ド・モレー。油彩画。F.F.リシャール作。マルメゾン。
90◉焼き殺されるテンプル騎士たち。細密画。『フランス年代記』。14世紀。ブリティッシュ・ライブラリー。ロンドン。
90〜91◉ヴィエンヌ公会議。壁画。ネビア・チェーザレ作。バチカン図書館。
92上◉テンプル騎士団の財産を聖ヨハネ騎士団に移譲することを記したクレメンス5世の勅書。1312年5月2日。国立古文書館。パリ。
92下◉ヴィエンヌ公会議で，教皇クレメンス5世と美男王フィリップの前に出るテンプル騎士。細密画。『フランス年代記』。14世紀。ブリティッシュ・ライブラリー。ロンドン。
93◉テンプル騎士に対する判決文の朗読。油彩画。エヴァリスト・フラゴナール作。19世紀。マニャン美術館。ディジョン。
94上左◉ジャック・ド・モレーの到着。映画『テンプル騎士団裁判』。
94上右◉王の前のジャック・ド・モレー。テレビドラマ『呪われた王たち』。
94下◉焼き殺されるテンプル騎士。細密画。『フランス年代記』。14世紀。ブリティッシュ・ライブラリー。ロンドン。
95上◉火刑台の前の美男王フィリップ。テレビドラマ『呪われた王たち』。
95下◉美男王フィリップの命令により，ジャック・ド・モレーは焼き殺された。細密画。ボッカチオ著『高貴な人々の場合…』。ベルグ市立図書館。
96〜97◉漫画『テンプル騎士団の秘密』。ジャック・マルタン，ジャン・プレイエ作。カステルマン社。
98〜99◉カラトラバ騎士団の騎士たち。壁画。14世紀。アルカニス。スペイン。
99◉アンリ＝ジャン・ボル著『中世の秘密結社，テンプル騎士団』のタイトルページ。1932年。
100◉パリのテンプル騎士団本部。19世紀。カルナヴァレ博物館。

【資料編】

101◉テンプル騎士ジャック・ド・マイエ。ポール＝アンリ・フェヴァル作『秘密の法廷』，1864年。フランス国立図書館。パリ。
102◉テンプル騎士団への入会。イギリスの版画。19世紀。
104〜105◉テンプル騎士団への入会。ジェレミー・クロス作『図解テンプル騎士団』。1821年。
107◉ティベリアスで野営するテンプル騎士団
108〜109◉異なる服装のテンプル騎士たち(版画。19世紀)
111◉テンプル騎士団に会則を授ける聖ベルナール(版画。19世紀)
114◉聖地のテンプル騎士たち（版画。19世紀）
118◉王と話し合う聖ヨハネ騎士。『狐物語』より。
120◉火あぶりにされるテンプル騎士。版画。19世紀。
121◉テンプル騎士の作とみられるシノン城クルドレー塔の落書き。
122〜123◉火刑台に連れて行かれるジャック・ド・モレー。1847年。
124◉フリーメーソンの参入儀礼の一環として，反省の小部屋で遺書をしたためる新参者。版画19世紀。
128◉太陽神殿教団のメンバーが集団自殺した農家の焼け跡。

参考文献

篠田雄次郎『聖堂騎士団』中公新書,1976年

レジーヌ・ペルヌー『テンプル騎士団』橋口倫介訳 白水社 クセジュ文庫,1977年

レジーヌ・ペルヌー『十字軍の男たち』福本秀子訳 白水社,1989年

レジーヌ・ペルヌー『十字軍の女たち』福本秀子訳 パピルス,1992年

ジョルジュ・タート『十字軍』池上俊一監修 南條郁子訳 創元社,1993年

橋口倫介『十字軍騎士団』講談社学術文庫,1994年

江川温,服部良久編著『西欧中世史』ミネルヴァ書房,1995年

リュック・フォンテーヌ『フリーメーソン』吉村正和監修 村上伸子訳 創元社,1996年

CRÉDITS PHOTOGRAPHIQUES

Aisa, Barcelone 58-59,98-99. Archiv für Kunst und Geschichte, Berlin 14,50bd,62 Arsenal, Metz/C.Legay 37hd,41in.Bibliotheque nationale de France,Paris dos,15,17,18,19,26 m & b,27, 28,46m,46-47,49,50-51,54,56,57,59h,60,61m,65,68,72h,76h,82,83,84h,86,86-87,105,126-127.Biet, Mondoubleau 37-39, Bildarchiv Preussischer Kulturbesitz, Berlin 50,63.Bodleian Library, Oxford 22,32-33h.The British Library, Londres 77,80,90,92b.Blloz, Paris 88h,Casterman, Tournai96-97.Charmet, Paris 74-75,81,108-109,111,120.C.N.M.H.S., Paris37b.Dagli Orti, Paris 5-7,41b.43h,61 h & b,64,72m,73.Diathéo,Paris35bd,41h.Jean Dieuzaide, Toulouse 35h,42,42-43. D.R.13,29h,40,43b,46h Giraudon, Vanves 47,66h hubert Josse 16-17,17,20-21,58,74,78,78-79.I. N.A.,Bry-sur-Marne,76m,87h,94h,95h.A.F.Kersting Londres 30,31,36,37hg,44,45.Lauros-Ciraudon,Vanves26h,84-85.Musées de la Ville de Pars100.Claude-Clément Perrot,Créteil 34, 35bg Réunion des Musées nationaux,Paris21,24-25,48,52-53,67,88-89.Roger Viollet,Paris Harlingue-Viollet 79b.Scala,Florence90-91.Sygma Jean Vigne,Gcnneviliers29b,64b,69.79,95b.

［著者］**レジーヌ・ペルヌー**

世界的な中世史家。ランス美術館，国立古文書館附属フランス史博物館に学芸員として勤務。リオデジャネイロ大学とパクストン大学（マサチューセッツ）名誉博士。『奇跡の少女ジャンヌ・ダルク』（創元社，本シリーズ）『十字軍の男たち』（白水社），『十字軍の女たち』（白水社），『テンプル騎士団』（クセジュ文庫）など著書多数。‥‥

［監修者］**池上俊一《いけがみしゅんいち》**

1956年生まれ。東京大学文学部卒。現在東京大学大学院総合文化研究科教授。西洋中世史専攻。1986−88年フランスに留学し，社会科学高等研究院でジャック・ルゴフの下に研鑽を積む。著書に『シエナー夢見るゴシック都市』（中公新書），『ロマネスク世界論』（名古屋大学出版会），『イタリア・ルネサンス再考』（講談社学術文庫），『狼男伝説』（朝日新聞社），『動物裁判』（講談社現代新書）など，監修に『魔女狩り』，『吸血鬼伝説』，『十字軍』，『美食の歴史』，『死の歴史』，『暦の歴史』（創元社，本シリーズ）など多数ある‥‥‥‥‥‥‥‥‥‥

［訳者］**南條郁子《なんじょういくこ》**

1954 年生まれ。お茶の水女子大学理学部数学科卒。仏文翻訳者。訳書に『十字軍』，『ヨーロッパの始まり』，『ミイラの謎』，『宇宙の起源』，『ギュスターブ・モロー』，『ラメセス2世』，『古代中国文明』『暦の歴史』，『ダーウィン』（ともに本シリーズ）などがある‥‥‥‥‥‥‥‥‥‥‥‥‥‥‥‥‥‥‥‥‥‥‥‥

「知の再発見」双書104

テンプル騎士団の謎

2002年 8 月10日第1版第1刷発行
2016年10月20日第1版第7刷発行

著者	レジーヌ・ペルヌー
監修者	池上俊一
訳者	南條郁子
発行者	矢部敬一
発行所	株式会社 創元社 本　社❖大阪市中央区淡路町4-3-6　TEL(06)6231-9010(代) FAX(06)6233-3111 URL❖http://www.sogensha.co.jp/ 東京支店❖東京都新宿区神楽坂4-3煉瓦塔ビルTEL(03)3269-1051(代)
造本装幀	戸田ツトム
印刷所	図書印刷株式会社

落丁・乱丁はお取替えいたします。

◉好評既刊◉

B6変型判/
カラー図版約200点

「知の再発見」双書
ヨーロッパ史シリーズ15点

⑯魔女狩り
池上俊一〔監修〕

㉑コロンブス
大貫良夫〔監修〕

㉚十字軍
池上俊一〔監修〕

(53)イエズス会
鈴木宣明〔監修〕

(61)フリーメーソン
吉村正和〔監修〕

(65)皇妃エリザベート
塚本哲也〔監修〕

(72)錬金術
種村季弘〔監修〕

(84)ナポレオンの生涯
福井憲彦〔監修〕

(100)王妃マリー・アントワネット
塚本哲也〔監修〕

(102)奇跡の少女ジャンヌ・ダルク
塚本哲也〔監修〕

そのほか
(105)カール5世とハプスブルク帝国　塚本哲也〔監修〕
(113)海賊の歴史　増田義郎〔監修〕
(114)ケルト文明とローマ帝国　鶴岡真弓〔監修〕
(122)ヨーロッパ統合　田中俊郎〔監修〕
(135)ヨーロッパ古城物語　堀越孝一〔監修〕